JN016877

みんなが欲しかった!

簿記の問題集

滝澤ななみ

Nanami Takizawa

日商2級

工業簿記

はしがき

本書は、日商簿記検定に合格する力を身につけることを目的とした受験対策用の問題集です。同シリーズの**『簿記の教科書（別売り）』**が終わったあとに、本書をご使用ください。

効率よく試験に合格していただけるよう、本書に次の特徴をもたせています。

1．いきなり本試験レベルの問題からスタート

どれだけテキストの内容を理解していようと、本試験レベルの問題が解けなければ試験に合格することはできません。そこで、本シリーズでは、簿記の処理を確認するための基本的な問題については、**『簿記の教科書』**の基本問題にその役割をゆだね、本書**『簿記の問題集』**ではいきなり本試験レベルの問題から収載しています。

これによって、基本問題をテキストと問題集とで２回解くという無駄を省いています。

2．頻出の問題パターンをピックアップ

各問において、頻出の問題パターンをピックアップしているので、これらの問題をしっかりマスターすることによって、効率よく合格する力を身につけることができます。さらに発展的な問題として**難問**を収載しています。これまでにない形式での出題であっても、問われている知識は基礎的なものですので、焦らず取り組む力を養ってください。

3．３回分の模擬試験付き、さらにネット試験用模擬試験プログラムも

本試験と同様の総合問題を３回分、収載しています。時間（90分）を計って解くことによって、本試験の感覚をつかむことができます。また、購入者特典として、Web上でいつでもどこでもネット試験形式の問題を解いていただける模擬試験プログラムをご用意していますので、ネット試験を受けられる方は、ぜひチャレンジしてみてください。

なお、**『簿記の問題集　日商２級　商業簿記（別売り）』**とあわせて６回分の模擬試験で日商２級の頻出パターンをかなり網羅しています。**『簿記の教科書』**と**『簿記の問題集』**の４冊（商業簿記、工業簿記）で試験に合格することが十分可能です。

どうか本書をご活用いただき、問題を解く力を身につけてください。皆様の合格を心よりお祈り申し上げます。

※　本書は、『簿記の問題集　日商２級　工業簿記　第11版』について、最近の出題傾向等に対応するため、改訂を行ったものです。

・経営レバレッジ係数、予算実績差異分析

2024年１月

滝澤ななみ

『簿記の問題集』の効果的な使いかた

❶ 個別問題を第４問対策から順次解く！

※　第１問対策〜第３問対策は、『簿記の問題集　日商２級　商業簿記（別売り）』に掲載されています。

教科書の基本問題を一通りマスターしたら、本試験レベルの問題をテーマ別に解きましょう。最初のページでは設問ごとに、本試験での問われ方も解説しています。また、解答するさいは、別冊の答案用紙もご利用ください。

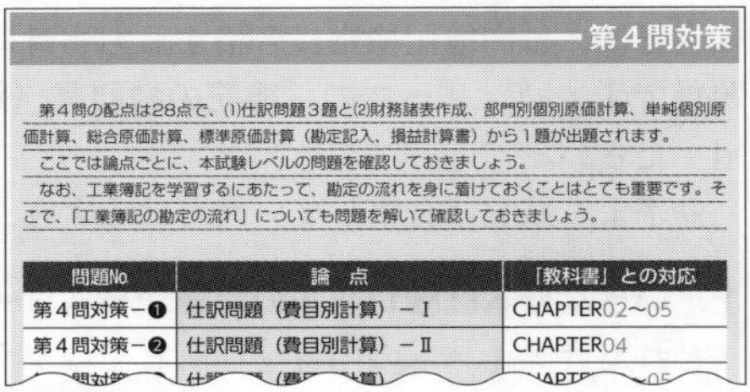

第４問対策

第４問の配点は28点で、⑴仕訳問題３題と⑵財務諸表作成、部門別個別原価計算、単純個別原価計算、総合原価計算、標準原価計算（勘定記入、損益計算書）から１題が出題されます。

ここでは論点ごとに、本試験レベルの問題を確認しておきましょう。

なお、工業簿記を学習するにあたって、勘定の流れを身に着けておくことはとても重要です。そこで、「工業簿記の勘定の流れ」についても問題を解いて確認しておきましょう。

問題No.	論　点	「教科書」との対応
第４問対策－❶	仕訳問題（費目別計算）－Ⅰ	CHAPTER02〜05
第４問対策－❷	仕訳問題（費目別計算）－Ⅱ	CHAPTER04

❷ 間違えた問題は、教科書に戻って確認しましょう♪

問題ごとに、『簿記の教科書』の対応CHAPTERが記載されています。
間違えた問題は、しっかり復習しましょう。

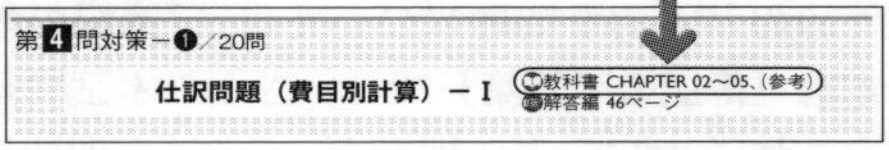

第４問対策－❶／20問

仕訳問題（費目別計算）－Ⅰ

教科書 CHAPTER 02〜05、(参考)
解答編 46ページ

❸ 解説中のポイントは、試験直前の確認にも便利です。

教科書に戻っている時間はない！　というあなたは、問題集にも、ポイント要素がきちんとまとめられていますので、しっかり読み込み、復習しましょう。

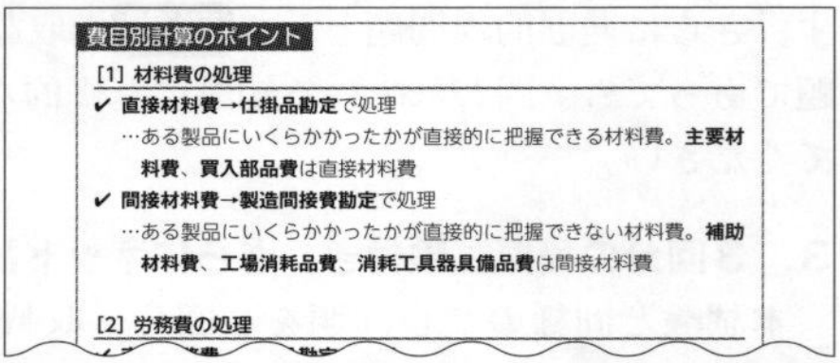

費目別計算のポイント

[1] 材料費の処理

✔ **直接材料費→仕掛品勘定**で処理
…ある製品にいくらかかったかが直接的に把握できる材料費。**主要材料費、買入部品費**は直接材料費

✔ **間接材料費→製造間接費勘定**で処理
…ある製品にいくらかかったかが直接的に把握できない材料費。**補助材料費、工場消耗品費、消耗工具器具備品費**は間接材料費

[2] 労務費の処理

❹ 商業簿記の学習が一通りすんで、全部解けるようになったら、６回分の模擬試験問題を解く！　ネット試験受験生は模擬試験プログラムにチャレンジ！

本試験と同じ形の模擬試験です。
頻出問題が６回分（『簿記の問題集　日商２級　商業簿記（別売り）』にも３回分あります）に集約されているので、知識の総まとめに最適です。
また、第４回の解き方を全問解説しています。QRコードから動画をチェックして、時間配分など本試験の解き方のコツもつかんでおきましょう。

合格☆☆

日商簿記２級試験について

受験資格	なし
試験日	統一試験：年３回 ６月（第２日曜日）／11月（第３日曜日）／２月（第４日曜日） ネット試験：随時(テストセンターが定める日時。 ただし、統一試験前後の10日間他、休止期間あり。)
申込方法	統一試験：試験の約２か月前から開始。申込期間は、各商工会議所によって異なります。 ネット試験：テストセンターの申込サイトより随時。
受験料 (税込)	5,500円 ※　2024年４月１日施行分より。なお、一部の商工会議所およびネット試験では事務手数料がかかります。
試験科目	商業簿記・工業簿記
試験時間	90分
合格基準	70点以上

本書刊行時のデータです。最新の情報は、商工会議所の検定試験ホームページ(https://www.kentei.ne.jp/）でご確認ください。

なお、簿記入門者向けに簿記初級が、原価計算入門者向けに原価計算初級がネット試験（40分）にて実施されています。

本試験の出題傾向（２級工業簿記）

２級の本試験問題は、第１問～第３問が商業簿記、第４問・第５問が工業簿記という構成になっています。工業簿記の出題内容は下記のとおりです。

第４問	⑴工業簿記の仕訳問題が３題と、⑵財務諸表作成、部門別個別原価計算、単純個別原価計算、総合原価計算、標準原価計算（勘定記入、損益計算書）から１題が出題されます。配点は28点です。（CH.02～12）
第５問	標準原価計算（差異分析）、直接原価計算、CVP分析から出題されます。配点は12点です。（CH.12、13）

※　CH.は、『簿記の教科書　日商２級　工業簿記（別売り）』の関連CHAPTERを示しています。

目次

第４問対策　2

※　模擬試験は、問題と答案用紙は別冊、解答解説は本書の中にあります。

※　模擬試験の第１回から第３回は、『簿記の問題集　日商２級　商業簿記（別売り）』に収載しております。

※　答案用紙については、ダウンロードでもご利用いただけます。TAC出版書籍販売サイト・サイバーブックストアにアクセスしてください。
https://bookstore.tac-school.co.jp/

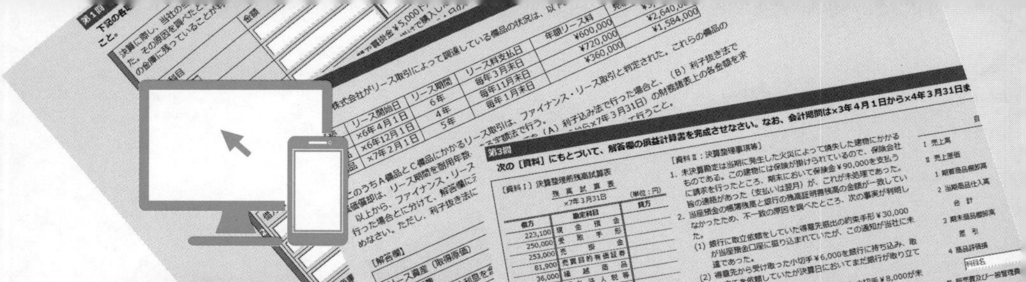

模擬試験プログラム&仕訳アプリで訓練しよう!

本書購入の読者には、
2つの特典を
ご用意しています。

①ネット試験の演習ができる、「模擬試験プログラム」

実際にパソコンで解いてみると、下書用紙の使い方や、日本語入力への切り替えなど、ペーパー試験とは違った工夫が必要なことに気づかれると思います。ネット試験を受験される方は、ぜひこの模擬試験プログラムにアクセスして、ネット試験を体験してみてください。

②仕訳Webアプリ「受かる!仕訳猛特訓」

新試験方式になり、本試験における仕訳の重要度がさらに高まりました。仕訳を制する者は、本試験を制するといっても過言ではありません。スキマ時間などを使い、仕訳を徹底的にマスターして本試験にのぞんでください!

※本サービスの提供期間は、本書の改訂版刊行月末日までです。

(免責事項)

(1) 本アプリの利用にあたり、当社の故意または重大な過失によるもの以外で生じた損害、及び第三者から利用者に対してなされた損害賠償請求に基づく損害については一切の責任を負いません。

(2) 利用者が使用する対応端末は、利用者の費用と責任において準備するものとし、当社は、通信環境の不備等による本アプリの使用障害については、一切サポートを行いません。

(3) 当社は、本アプリの正確性、健全性、適用性、有用性、動作保証、対応端末への適合性、その他一切の事項について保証しません。

(4) 各種本試験の申込、試験申込期間などは、必ず利用者自身で確認するものとし、いかなる損害が発生した場合であっても当社では一切の責任を負いません。

(推奨デバイス)スマートフォン※・PC・タブレット
※仕訳Webアプリのみ

(推奨ブラウザ)Microsoft Edge 最新版/Google Chrome 最新版/Safari最新版

詳細は、下記URLにてご確認ください。
https://shiwake.tac-school.co.jp/login/2
https://program.tac-school.co.jp/login/2

模擬試験プログラム&仕訳Webアプリへのアクセス方法

STEP 1 TAC出版 検索

STEP 2 書籍連動ダウンロードサービス にアクセス

STEP 3 パスワードを入力

240211011

\ Start! /

日商２級　工業簿記　問題編
第４問対策、第５問対策

日商２級は第１問から第３問までが商業簿記からの出題で、第４問と第５問が工業簿記からの出題です。

本書では、工業簿記（第４問、第５問）の頻出問題についてみていきます。

※　第１問から第３問の頻出問題については『簿記の問題集　日商２級　商業簿記（別売り）』に掲載しています。

●仕訳問題における解答上の注意事項●

仕訳問題における各設問の解答にあたっては、勘定科目の使用は、借方と貸方で各１回までとしてください（各設問につき同じ勘定科目を借方・貸方の中で２回以上使用してしまうと不正解となります）。

[○正解となる例：各勘定科目を借方・貸方の中で１回だけ使用している]

借方		貸方	
記号	金額	記号	金額
(ウ)現金	1,000	(オ)売上	3,000
(カ)売掛金	2,000		

[×不正解となる例：貸方の中で同じ勘定科目を２回使用している]

借方		貸方	
記号	金額	記号	金額
(ウ)現金	1,000	(オ)売上	1,000
(カ)売掛金	2,000	(オ)売上	2,000

第４問対策

第４問の配点は28点で、⑴仕訳問題３題と⑵財務諸表作成、部門別個別原価計算、単純個別原価計算、総合原価計算、標準原価計算（勘定記入、損益計算書）から１題が出題されます。

ここでは論点ごとに、本試験レベルの問題を確認しておきましょう。

なお、工業簿記を学習するにあたって、勘定の流れを身に着けておくことはとても重要です。そこで、「工業簿記の勘定の流れ」についても問題を解いて確認しておきましょう。

問題No.	論　点	「教科書」との対応
第４問対策－❶	仕訳問題（費目別計算）－Ⅰ	CHAPTER02～05
第４問対策－❷	仕訳問題（費目別計算）－Ⅱ	CHAPTER04
第４問対策－❸	仕訳問題（費目別計算）－Ⅲ	CHAPTER02～05
第４問対策－❹	仕訳問題(費目別計算+個別原価計算+標準原価計算)	CHAPTER02～05、12
第４問対策－❺	仕訳問題（本社工場会計）	CHAPTER11
第４問対策－❻	工業簿記の勘定の流れ－Ⅰ	CHAPTER01～05
第４問対策－❼	工業簿記の勘定の流れ－Ⅱ	CHAPTER01～05
第４問対策－❽	単純個別原価計算－Ⅰ	CHAPTER05
第４問対策－❾	単純個別原価計算－Ⅱ	CHAPTER05
第４問対策－❿	部門別個別原価計算	CHAPTER06
第４問対策－⓫	製造原価報告書、損益計算書の作成－Ⅰ	CHAPTER10
第４問対策－⓬	製造原価報告書、損益計算書の作成－Ⅱ	CHAPTER10
第４問対策－⓭	単純総合原価計算－Ⅰ	CHAPTER07、09
第４問対策－⓮	単純総合原価計算－Ⅱ	CHAPTER07、09
第４問対策－⓯	工程別総合原価計算－Ⅰ	CHAPTER08、09
第４問対策－⓰	工程別総合原価計算－Ⅱ	CHAPTER08、09
第４問対策－⓱	組別総合原価計算	CHAPTER08、09
第４問対策－⓲	等級別総合原価計算	CHAPTER08、09
第４問対策－⓳	標準原価計算（勘定記入）	CHAPTER12
第４問対策－⓴	標準原価計算（勘定記入、損益計算書）	CHAPTER12

工業簿記ではボックス図や差異分析図などを書いて解く問題が多いので、下書用紙に記入しながら問題を解くようにしてください。

第4問対策－❶／20問

仕訳問題（費目別計算）－Ⅰ

教科書 CHAPTER 02～05、(参考)
解答編 44ページ

下記の当月の一連の取引について仕訳しなさい。ただし、勘定科目は、設問ごとに最も適当と思われるものを選び、(　　)の中に記号で解答すること。

1．素材甲400kgを980円/kgで購入し、代金は掛けとした。なお、購入にさいしては、購入代価の５％を材料副費として予定配賦する。

ア．材料　イ．仕掛品　ウ．買掛金　エ．材料副費　オ．製造間接費
カ．当座預金

2．当月の材料副費の実際発生額は20,100円であった。１.の材料副費の予定配賦額と実際発生額との差額を材料副費差異勘定に振り替える。

ア．仕掛品　イ．材料副費　ウ．材料　エ．消費価格差異　オ．材料副費差異
カ．製造間接費

3．当月の労務費の実際消費額を計上する。当月における直接工の実際作業時間のうち、特定の製造指図書にかかる作業時間は500時間、それ以外の作業時間は80時間であった。なお、直接工賃金の計算には作業１時間あたり1,200円の予定消費賃率を用いている。また、間接工については、当月賃金支払額が250,000円、前月未払額が80,000円、当月未払額が90,000円であった。

ア．製造間接費　イ．賃金・給料　ウ．仕掛品　エ．未払賃金　オ．材料
カ．製造間接費配賦差異

4．直接工の直接作業時間500時間にもとづいて、製造間接費を予定配賦率を用いて各製造指図書に配賦する。なお、年間の製造間接費予算は17,600,000円であり、配賦基準となる年間の直接工の予定直接作業時間は8,000時間である。

ア．材料　イ．仕掛品　ウ．賃金・給料　エ．製造間接費配賦差異
オ．賃率差異　カ．製造間接費

5．当月の製造間接費配賦差異を計上した。なお、当月の製造間接費実際発生額は1,230,000円であった。

ア．仕掛品　イ．賃金・給料　ウ．材料　エ．製品　オ．製造間接費

カ．製造間接費配賦差異

第4問対策－❷／20問

仕訳問題（費目別計算）－Ⅱ

教科書 CHAPTER 04
解答編 46ページ

下記の当月の一連の取引について仕訳しなさい。ただし、勘定科目は、設問ごとに最も適当と思われるものを選び、（　　）の中に記号で解答すること。

1．工場の電気代、ガス代、水道代の当月現金支払額は120,000円であった。なお、メーターを用いた当月測定額は142,000円であり、この金額は来月に支払う予定である。

ア．仕掛品　イ．製造間接費　ウ．材料　エ．製品　オ．未払水道光熱費
カ．当座預金

2．工場の建物、機械、設備の減価償却費の年間見積額は2,880,000円である。よって、当月分の減価償却費を計上する。

ア．製品　イ．材料　ウ．製造間接費　エ．売上原価　オ．減価償却累計額
カ．仕掛品

3．製品乙の塗装加工のため、直接材料X 1,500,000円を塗装会社に無償で支給した。

ア．材料　イ．製造間接費　ウ．仕掛品　エ．製品　オ．未払金
カ．売掛金

4．製品甲の塗装加工のため、塗装会社に無償で支給してあった部品が塗装作業後、納入されたので、その加工賃150,000円を小切手を振り出して支払った。なお、加工後の部品はただちに製造現場に引き渡された。

ア．製造間接費　イ．仕掛品　ウ．製品　エ．未払金　オ．当座預金
カ．現金

5．製品乙の生産に関する特許権使用料について、当月分50,000円を小切手を振り出して支払った。

ア．現金　イ．当座預金　ウ．製品　エ．仕掛品　オ．製造間接費
カ．特許権

仕訳問題（費目別計算）－Ⅲ

教科書 CHAPTER 02～05
解答編 48ページ

下記の当月の一連の取引について仕訳しなさい。ただし、勘定科目は、設問ごとに最も適当と思われるものを選び、（　　）の中に記号で解答すること。

1．当月にＡ原料12,000kgを購入し、代金6,000,000円は翌月払いとした。なお、この購入にかかる引取運賃等の合計額60,000円は小切手を振り出して支払った。

ア．買掛金　イ．製品　ウ．仕掛品　エ．材料　オ．当座預金　カ．現金

2．当月に払い出したＡ原料は11,800kgであり、うち製造指図書No.101向けの消費量は4,000kg、製造指図書No.102向けの消費量は5,500kg、製造指図書No.103向けの消費量は2,300kgであった。なお、Ａ原料は製造指図書No.101、No.102、No.103の順に払い出されている。原料費は先入先出法によって計算しており、Ａ原料の月初有高は255,000円（500kg）である。また、棚卸減耗は生じていない。

ア．製品　イ．製造間接費　ウ．売上原価　エ．仕掛品　オ．賃金・給料
カ．材料

3．直接工の賃金の計算には、予定消費賃率@1,100円を用いており、当月の直接工の実際直接作業時間は4,500時間であった。このうち製造指図書No.101向けの直接作業時間は1,500時間、製造指図書No.102向けの直接作業時間は1,800時間、製造指図書No.103向けの直接作業時間は1,200時間であった。なお、これ以外に間接作業時間が300時間発生している。

ア．製品　イ．仕掛品　ウ．賃金・給料　エ．未払賃金　オ．製造間接費
カ．材料

4．製造間接費は直接工の直接作業時間にもとづいて予定配賦率@1,500円で予定配賦を行っている。なお、当月の直接工の実際直接作業時間は上記3．を参照すること。

ア．製造間接費　イ．売上原価　ウ．仕掛品　エ．材料　オ．賃金・給料
カ．製品

5．製造指図書No.101とNo.102は当月において完成し、このうち製造指図書No.101は当月に販売価額8,200,000円で顧客に引渡済み（代金の受け取りは翌月15日）である。なお、製品原価の計算にあたっては、上記２．３．４．以外の原価は発生していないものとして計算すること。ただし、製造指図書No.101は前月から製造を開始しており、前月における製造費用は1,030,000円（内訳：直接材料費510,000円、直接労務費220,000円、製造間接費300,000円）であった。また、仕訳は(1)完成時と(2)製品の引渡時に分けて答えること。

ア．売上原価　イ．売掛金　ウ．製品　エ．仕掛品　オ．売上

カ．製造間接費

第4問対策－❹／20問

仕訳問題（費目別計算＋個別原価計算＋標準原価計算）

教科書 CHAPTER 02〜05、12、(参考)
解答編 52ページ

下記の各取引について仕訳しなさい。ただし、勘定科目は、設問ごとに最も適当と思われるものを選び、（　）の中に記号で解答すること。

1．当社では、実際個別原価計算を採用しており、当月の製造指図書別の直接材料消費量は№101が600kg、№102が1,000kg、№103が1,200kgであった。当月分の直接材料費を予定消費単価200円/kgを用いて計上する。

ア．賃金・給料　イ．材料　ウ．売上原価　エ．製品　オ．製造間接費
カ．仕掛品

2．月末において、1．で計算した直接材料費の予定消費額と実際消費額の差額を消費価格差異勘定に振り替える。なお、直接材料の月初在庫は300kg（1kgあたりの購入原価は210円）、当月仕入は3,000kg（1kgあたりの購入原価は220円）で、実際消費単価は先入先出法にもとづいて計算するものとする。直接材料の実際消費量は1．のとおりである。

ア．仕掛品　イ．製造間接費　ウ．消費価格差異　エ．売上原価　オ．材料
カ．製造間接費配賦差異

3．当社では、実際個別原価計算を採用しており、製造間接費は機械稼働時間を配賦基準として各製造指図書に配賦している。当月の製造指図書別の機械稼働時間は№101が220時間、№102が300時間、№103が190時間であった。各製造指図書に対して当月分の製造間接費を予定配賦する。なお、製造間接費の予算データ（公式法変動予算による）は、次のとおりである。

変動費：160円/時間　年間固定費：2,160,000円
年間予定機械稼働時間：9,000時間

ア．製造間接費　イ．製造間接費配賦差異　ウ．材料　エ．仕掛品　オ．製品
カ．賃金・給料

4．製造間接費について、3．の予定配賦額と当月の実際発生額（298,000円）の差額を予算差異勘定と操業度差異勘定に振り替える。

ア．売上原価　イ．操業度差異　ウ．製造間接費　エ．仕掛品　オ．予算差異
カ．材料

5．当社では、実際個別原価計算を採用している。各製造指図書に集計された原価は次のとおりである。当月に製造指図書№101と№102が完成した。

製造指図書番号	№101	№102	№103
月初仕掛品原価	139,900円	－	－
当月投入			
直接材料費	120,000円	200,000円	240,000円
直接労務費	100,000円	250,000円	150,000円
製造間接費	88,000円	120,000円	76,000円

ア．仕掛品　イ．製品　ウ．材料　エ．売上原価　オ．製造間接費
カ．賃金・給料

6．当社では、パーシャル・プランによる標準原価計算を採用しており、製品1個あたりの標準直接材料費は次のとおりである。

標準直接材料費：100円/kg　×　3kg　＝300円/個
（標準単価）　（標準消費量）

当月の製品生産量は200個（月初および月末に仕掛品はない）、当月における直接材料の実際単価は102円/kg、実際消費量は610kgであった。よって、直接材料費を材料勘定から仕掛品勘定に振り替える仕訳をしなさい。

ア．製品　イ．材料　ウ．製造間接費　エ．賃金・給料　オ．仕掛品
カ．原価差異

7．上記6．について、シングル・プランによる標準原価計算を採用していた場合の直接材料費を材料勘定から仕掛品勘定に振り替える仕訳をしなさい。

ア．製品　イ．材料　ウ．製造間接費　エ．賃金・給料　オ．仕掛品
カ．原価差異

仕訳問題（本社工場会計）

教科書 CHAPTER 11
解答編 56ページ

関東工業㈱（本社東京）は埼玉に工場をもち、本社会計から工場会計を独立させている。以下の各取引の仕訳を示しなさい。ただし、勘定科目は、設問ごとに最も適当なものを選び、（　　）の中に記号で解答すること。

1．本社が掛けで購入した素材A2,400,000円（3,000kg）を工場の倉庫で受け入れた。また、購入にさいして本社は120,000円の引取運賃を支払っている。工場側の仕訳を示しなさい。なお、材料の購入等の支払いは本社が行っているものとし、工場元帳には次の勘定が設定されている。

　ア．材料　イ．賃金・給料　ウ．仕掛品　エ．製造間接費　オ．本社

2．当月に上記1．の素材Aを2,600kg消費した。そのうち2,000kgは製品の製造用として消費し、残りは補修用の材料として使用した。なお、素材Aの月初有高はゼロであった。工場側の仕訳を示しなさい。なお、工場元帳には次の勘定が設定されている。

　ア．材料　イ．賃金・給料　ウ．仕掛品　エ．製造間接費　オ．本社

3．当月の工場における直接工の労務費を計上する。直接工の実際作業時間は2,190時間であり、その内訳は直接作業時間1,800時間、間接作業時間370時間、手待時間20時間であった。直接工の労務費は予定賃率1,200円/時間を用いて計算する。工場側の仕訳を示しなさい。なお、工場元帳には次の勘定が設定されている。

　ア．仕掛品　イ．賃金・給料　ウ．本社　エ．材料　オ．製造間接費

4．当月の工場における間接工の労務費を計上する。間接工の当月実際賃金支払額は1,260,000円、当月未払額は210,000円、前月未払額は200,000円であった。工場側の仕訳を示しなさい。なお、賃金の支払いは本社が行っているものとし、工場元帳には次の勘定が設定されている。

　ア．仕掛品　イ．材料　ウ．本社　エ．賃金・給料　オ．製造間接費

5．工場設備の減価償却費として680,000円（当月分）を計上した。工場側の仕訳を示しなさい。なお、工場元帳には次の勘定が設定されている。

ア．製造間接費　イ．本社　ウ．材料　エ．設備減価償却累計額　オ．仕掛品

6．製造間接費を直接労務費（2,160,000円）の125％の予定配賦率で各製造指図書に配賦した。工場側の仕訳を示しなさい。なお、工場元帳には次の勘定が設定されている。

ア．材料　イ．賃金・給料　ウ．仕掛品　エ．製造間接費　オ．本社

7．製品4,650,000円が完成した。本社側の仕訳を示しなさい。なお、製品の倉庫は本社にあり、工場元帳に設定された勘定は、材料、賃金・給料、仕掛品、製造間接費、設備減価償却累計額、本社である。

ア．工場　イ．材料　ウ．仕掛品　エ．製品　オ．売上原価　カ．本社

第4問対策－❻／20問

工業簿記の勘定の流れ－Ⅰ

教科書 CHAPTER 01～05
解答編 59ページ

次の［8月中の取引］にもとづいて、答案用紙の総勘定元帳を完成させなさい。

［8月中の取引］

⑴　A社より主要材料甲600,000円を掛けで仕入れた。

⑵　B社より部品乙250,000円を掛けで仕入れた。

⑶　製造指図書№1001向けに主要材料甲400,000円（予定消費価格）と部品乙220,000円（予定消費価格）を出庫した。

⑷　C社より工場消耗品20,000円を掛けで仕入れた。

⑸　B社より部品乙160,000円を掛けで仕入れた。

⑹　製造指図書№1002向けに部品乙140,000円（予定消費価格）を出庫した。

⑺　製造指図書№1003向けに主要材料甲190,000円（予定消費価格）を出庫した。

⑻　月末に工場消耗品の実地棚卸を行い、当月消費額は18,000円であることが判明した。

第4問対策－❼／20問

工業簿記の勘定の流れ－Ⅱ

教科書 CHAPTER 01～05
解答編 63ページ

次の資料にもとづいて、答案用紙の各勘定を完成させなさい。なお、製造間接費は予定配賦しており、製造間接費配賦差異は売上原価に賦課する。

［資　料］

1．素材　期首棚卸高50,000円、当期購入高1,020,000円、期末帳簿棚卸高60,000円、期末実地棚卸高59,000円。素材はすべて直接材料として消費された。また、棚卸減耗は正常なものである。
2．補修用材料　期首棚卸高4,500円、当期仕入高54,000円、期末棚卸高5,000円
3．組立工の賃金　前期未払高174,000円、当期支払高750,000円、当期未払高185,000円、当期直接作業賃金660,000円、当期間接作業賃金　?　円
4．本社建物の減価償却費　200,000円
5．販売員給料　当期要支払額300,000円
6．工場の修理工賃金　当期要支払額210,000円
7．工場事務員の給料　当期要支払額50,000円
8．消耗工具器具備品　33,000円
9．福利厚生施設負担額　15,000円
10．工場の固定資産税　3,000円
11．製造用機械油などの当期消費額　32,000円
12．外注加工賃　65,000円
13．工場の電力料、水道料、ガス代　36,000円
14．工場建物の減価償却費　180,000円
15．製造間接費予定配賦額　700,000円
16．本社役員給料　150,000円
17．その他の販売費　130,000円
18．その他の一般管理費　250,000円

単純個別原価計算－Ⅰ

教科書 CHAPTER 05
解答編 68ページ

当工場は実際個別原価計算を採用している。次の［資料］にもとづいて、5月の仕掛品勘定と製品勘定を完成させなさい。

［資　料］

製造指図書番号	直接材料費	直接労務費	製造間接費	備　　考
101	480,000円	320,000円	240,000円	製造着手日：4/10 完　成　日：4/30 引　渡　日：5/2
102	580,000円 （4月分）	410,000円 （4月分）	312,000円 （4月分）	製造着手日：4/15 完　成　日：5/10 引　渡　日：5/12
	120,000円 （5月分）	90,000円 （5月分）	78,000円 （5月分）	
103	520,000円	384,000円	290,000円	製造着手日：5/8 完　成　日：5/25 引　渡　日：5/28
104	550,000円	360,000円	270,000円	製造着手日：5/11 完　成　日：5/31 引　渡　日：6/2予定
105	380,000円	48,000円	36,000円	製造着手日：5/28 完　成　日：6/17予定 引　渡　日：6/20予定

MEMO

第4問対策－⑨／20問

単純個別原価計算－Ⅱ

教科書 CHAPTER 05
解答編 71ページ

当工場は実際個別原価計算を採用している。次の［資料］にもとづいて、8月の仕掛品勘定と製品勘定を完成させなさい。

［資　料］

1．各製造指図書に記載された内容

製造指図書番号	直接材料費	直接労務費	製造間接費	備　　考
101	610,000円	640,000円	？　円	製造着手日：7／5 完　成　日：7／30 引　渡　日：8／3
102	330,000円 （7月分）	480,000円 （7月分）	？　円 （7月分）	製造着手日：7／15 完　成　日：8／13 引　渡　日：8／17
	110,000円 （8月分）	320,000円 （8月分）	？　円 （8月分）	
103	650,000円	1,040,000円	？　円	製造着手日：8／4 一部仕損発生日：8／10 完　成　日：8／30 引　渡　日：8／31
103－2	155,000円	80,000円	？　円	補修開始日：8／10 補修完了日：8／12
104	350,000円	768,000円	？　円	製造着手日：8／18 完　成　日：8／31 引　渡　日：9／2予定
105	160,000円	160,000円	？　円	製造着手日：8／25 完　成　日：9／20予定 引　渡　日：9／22予定

※　製造指図書№103－2は、一部仕損となった№103を補修するために発行された補修指図書である。

2．その他

(1)　直接労務費は、直接工賃金について、１時間あたり1,600円の予定賃率に実際直接作業時間を掛けて計算したものである。なお、賃率は７月、８月ともに同じである。

(2)　製造間接費は、直接作業時間を配賦基準として１時間あたり2,000円の予定配賦率を用いて配賦している。

部門別個別原価計算

教科書 CHAPTER 06
解答編 75ページ

青森製作所は部門別個別原価計算を採用している。次の［資料］にもとづいて以下の各問に答えなさい。なお、製造間接費は直接作業時間にもとづいて実際配賦している。

［資　料］

1．補助部門費の配賦資料

配賦基準	合　計	切削部門	組立部門	動力部門	管理部門
動力消費量	3,500kWh	2,000kWh	1,000kWh	400kWh	100kWh
従 業 員 数	230人	80人	100人	30人	20人

2．直接作業時間

(1) 当月直接作業時間は切削部門1,500時間、組立部門1,200時間であった。

(2) 製造指図書No.101の当月直接作業時間は切削部門250時間、組立部門200時間であった。

問1　直接配賦法によって、答案用紙の部門別配賦表を完成させなさい。

問2　部門別配賦率を用いて実際配賦を行った場合の、切削部門および組立部門の部門別配賦率を計算しなさい。

問3　部門別配賦率を用いて実際配賦を行った場合の、製造指図書No.101に配賦される製造間接費の金額を計算しなさい。

MEMO

第4問対策－⑪／20問

製造原価報告書、損益計算書の作成－Ⅰ

教科書 CHAPTER 10
解答編 77ページ

次の［資料］にもとづいて、答案用紙の製造原価報告書および損益計算書を完成させなさい。なお、当社では製造間接費を実際配賦している。

［資　料］

1．棚卸資産

	期首有高	当期仕入高	期末有高
素　材	4,500万円	32,000万円	5,400万円
補助材料	590万円	6,250万円	370万円
仕掛品	4,800万円	－	4,100万円
製　品	8,800万円	－	8,100万円

※　素材消費額はすべて直接材料費である。

2．賃　金

	期首未払高	当期支払高	期末未払高
直接工	2,700万円	20,900万円	1,900万円
間接工	370万円	6,260万円	430万円

※　直接工の賃金消費額はすべて直接労務費である。

3．工場建物の減価償却費	9,300万円
4．工場消耗品費	4,100万円
5．工場従業員の法定福利費	1,200万円
6．本社職員給料	1,900万円
7．工場事務職員給料	5,300万円
8．重役室費	430万円
9．工員用社宅など福利施設負担額	2,300万円
10．広告費	1,500万円
11．消耗工具器具備品費	3,390万円
12．工場の光熱費	2,460万円
13．本社役員給料	1,100万円
14．販売員給料	770万円

15. 工場機械の減価償却費　5,070万円
16. 工場の固定資産税　450万円
17. 本社建物の減価償却費　2,050万円
18. その他の販売費　380万円
19. その他の一般管理費　470万円

第4問対策－⑫／20問

製造原価報告書、損益計算書の作成－Ⅱ

教科書 CHAPTER 10
解答編 81ページ

次の［資料］にもとづいて、答案用紙の製造原価報告書および損益計算書を完成させなさい。なお、当社では直接労務費の200％を製造間接費として予定配賦しており、原価差異は売上原価に賦課するものとする。

［資　料］

1．棚卸資産

	期首有高	当期仕入高	期末有高
原　　料	3,400万円	11,800万円	2,500万円
補助材料	580万円	6,200万円	1,200万円
仕 掛 品	9,000万円	－	9,200万円
製　　品	4,200万円	－	6,200万円

※　原料消費額はすべて直接材料費である。

2．賃金・給料

	期首未払高	当期支払高	期末未払高
直 接 工	1,120万円	7,640万円	1,240万円
間 接 工	580万円	4,400万円	480万円
事務職員	150万円	1,500万円	200万円

※　直接工の賃金消費額はすべて直接労務費である。

3．工場の福利施設負担額	330万円
4．広告宣伝費	2,810万円
5．本社職員給料	3,300万円
6．工場機械の減価償却費	2,700万円
7．工場建物の減価償却費	2,050万円
8．外注加工賃	520万円
9．営業所建物の減価償却費	2,400万円
10．工場の水道光熱費	440万円
11．営業所の水道光熱費	260万円
12．その他の販売費および一般管理費	4,470万円

第4問対策－⑬／20問

単純総合原価計算－Ⅰ

教科書 CHAPTER 07、09
解答編 86ページ

当工場では製品Xを製造しており、原価計算の方法は実際単純総合原価計算を採用している。次の［資料］にもとづいて、下記の各問に答えなさい。

なお、原価投入額を完成品総合原価と月末仕掛品原価に配分する方法として平均法を採用しており、製品の倉出単価（売上原価）を計算する方法として先入先出法を採用している。

［資　料］

1．当月の生産・販売データ

月初仕掛品	4,000 kg	(60%)	月初製品	2,400 kg
当月投入	44,000		当月完成品	42,400
合計	48,000 kg		合計	44,800 kg
正常減損	800	(20%)	月末製品	4,800
月末仕掛品	4,800	(50%)	当月販売品	40,000 kg
当月完成品	42,400 kg			

＊（　）内は加工進捗度を示す。

2．製品Xを製造するために必要な原料はすべて工程の始点で投入される。

3．正常減損費は度外視法により、完成品と月末仕掛品の両者に負担させる。

4．月初製品原価は1,936,000円である。

問1　答案用紙の総合原価計算表を完成させなさい。

問2　当月の売上原価を計算しなさい。

第4問対策－⑭／20問

単純総合原価計算－Ⅱ

教科書 CHAPTER 07、09
解答編 88ページ

当工場では製品Ｙを製造しており、原価計算の方法は単純総合原価計算を採用している。次の［資料］にもとづいて、以下の各問に答えなさい。

なお、原価投入額を完成品総合原価と月末仕掛品原価に配分する方法として、先入先出法を採用している。また、正常仕損の処理は度外視法によること。

［資　料］

1．当月の生産データ

月初仕掛品	1,000 個	（50％）
当月投入	20,120	
合　計	21,120 個	
正常仕損	2,200	
月末仕掛品	8,000	（50％）
完成品	10,920 個	

＊（　）内は加工進捗度を示す。

2．原料はすべて工程の始点で投入される。

3．仕損は工程の途中で発生している。なお、仕損は当月投入分から発生したものである。

問１　答案用紙の総合原価計算表を完成させなさい。ただし、仕損品の評価額は０円である。

問２　上記の資料について、仕損品の評価額が39,424円で、その価値は材料の価値である場合の完成品総合原価を計算しなさい。

第**4**問対策ー⑮／20問

工程別総合原価計算ーI

教科書 CHAPTER 08、09
解答編 92ページ

当工場では２つの工程を経て製品Ｚを製造しており、原価計算の方法は累加法による工程別総合原価計算を採用している。次の［資料］にもとづいて、答案用紙の仕掛品勘定を完成させなさい。ただし、原価投入額を完成品総合原価と月末仕掛品原価に配分する方法として、第１工程は先入先出法、第２工程は平均法を用いている。

［資　料］

１．生産データ

	第１工程		第２工程	
月初仕掛品	2,000 個	（50%）	1,000 個	（50%）
当月投入	64,000		60,000	
合　計	66,000 個		61,000 個	
正常仕損	1,000		－	
月末仕掛品	5,000	（40%）	4,000	（80%）
完成品	60,000 個		57,000 個	

＊（　　）内は加工進捗度を示す。

２．甲原料は第１工程の始点で投入される。また、乙原料は第２工程の加工進捗度60％の時点で投入される。

３．正常仕損は、第１工程の終点で発生しているため、正常仕損費はすべて完成品に負担させる。なお、仕損品の処分価値は０円である。

第4問対策－⑯／20問

工程別総合原価計算－Ⅱ

教科書 CHAPTER 08、09
解答編 96ページ

当工場では、2つの工程を経て製品Aを連続生産しており、累加法による工程別総合原価計算を採用している。次の資料にもとづいて、答案用紙の工程別総合原価計算表を完成させなさい。なお、加工費は第1工程、第2工程ともに直接作業時間を配賦基準として予定配賦（正常配賦）している。

［資　料］

1．当月の生産データ

	第1工程		第2工程	
月初仕掛品	1,200 kg	(1/2)	3,000 kg	(1/5)
当月投入	19,800		20,000	
合　　計	21,000 kg		23,000 kg	
正常減損	－		3,000	
月末仕掛品	1,000	(1/2)	3,000	(4/5)
完成品	20,000 kg		17,000 kg	

＊（　　）内は加工進捗度を示す。

2．第1工程、第2工程ともに平均法によって月末仕掛品原価を評価している。なお、材料はすべて第1工程の始点で投入される。

3．第2工程の終点で、通常発生する程度の減損（正常減損）が発生している。正常減損費は度外視法により処理し、すべて完成品に負担させる。

4．当月の実際直接作業時間

第1工程：2,240時間　　第2工程：2,000時間

5．加工費予算に関する資料

	第1工程	第2工程
加工費年間予算	63,360,000円	53,006,400円
年間予定直接作業時間	26,400時間	21,600時間

MEMO

組別総合原価計算

教科書 CHAPTER 08、09
解答編 100ページ

宮城製作所では、製品Xおよび製品Yの２種類の製品を製造しており、組別総合原価計算を採用している。次の［資料］にもとづいて、答案用紙に示した金額を計算しなさい。なお、製造間接費は直接作業時間を配賦基準として予定配賦（正常配賦）している。

［資　料］

1．当月の生産データ

	組製品X		組製品Y	
月初仕掛品	900 個	(70%)	1,440 個	(20%)
当月投入	4,680		3,840	
合　計	5,580 個		5,280 個	
正常仕損	180	(30%)	300	(100%)
月末仕掛品	660	(50%)	1,380	(50%)
完成品	4,740 個		3,600 個	

＊（　）内は加工進捗度または仕損の発生点を示している。

2．各組製品の原価データ

		組製品X	組製品Y
月初仕掛品原価	直接材料費	1,144,800 円	1,882,200 円
	直接労務費	390,900 円	96,444 円
	製造間接費	504,000 円	308,160 円
当月製造費用	直接材料費	5,335,200 円	5,491,200 円
	直接労務費	2,169,600 円	1,432,566 円

3．製造間接費の資料

年間予定直接作業時間は48,000時間、その場合の年間製造間接費予算は100,800,000円と見積られた。

また、当月における各組製品の実際直接作業時間は、組製品Xが1,800時間、組製品Yが2,151時間であった。

4．直接材料は工程の始点ですべて投入している。

5．月末仕掛品の計算は、組製品Ｘは平均法、組製品Ｙは先入先出法による。
6．仕損品の処分価額は０円である。
7．正常仕損費は度外視法により計算し、正常仕損の発生点と月末仕掛品の加工進捗度を考慮のうえ、その負担関係を決定する。

等級別総合原価計算

教科書 CHAPTER 08、09
解答編 104ページ

当工場では製品X、製品Y、製品Zの３つの等級製品を製造しており、原価計算の方法は等級別総合原価計算を採用している。

次の［資料］にもとづいて、答案用紙に示した金額を計算しなさい。なお、直接材料はすべて工程の始点で投入しており、原価投入額を完成品総合原価と月末仕掛品原価に配分する方法として平均法を採用している。

［資　料］

1．当月の生産データ

月初仕掛品	4,500 個	(70%)
当月投入	49,500	
合　計	54,000 個	
月末仕掛品	9,000	(50%)
完成品	45,000 個	

＊（　）内は加工進捗度を示す。

2．製造原価データ

	直接材料費	加工費
月初仕掛品原価	2,790,000 円	1,881,900 円
当月製造費用	28,314,000 円	26,234,100 円

3．当月完成品数量

製品X　22,500個　　製品Y　12,500個　　製品Z　10,000個

4．等価係数

製品X　0.5　　製品Y　1　　製品Z　1.2

第**4**問対策ー⑲／20問

標準原価計算（勘定記入）

教科書 CHAPTER 12
解答編 107ページ

製品Wを連続大量生産している当社では、標準原価計算制度を採用している。次の［資料］にもとづいて、以下の各問に答えなさい。なお、製造間接費の配賦基準は直接作業時間を用いている。

［資　料］

1．１個あたりの標準原価

直接材料費：1,000円/kg（標準単価）×10kg（標準消費量）＝10,000円/個

直接労務費：4,000円/時（標準賃率）×４時間（標準直接作業時間）＝16,000円/個

製造間接費：5,000円/時（標準配賦率）×４時間（標準直接作業時間）＝20,000円/個

2．当月の生産・販売データ

月初仕掛品	400 個	（50%）	月初製品	150 個
当月着手	1,100		当月完成品	1,300
合　計	1,500 個		合　計	1,450 個
月末仕掛品	200	（80%）	月末製品	250
当月完成品	1,300 個		当月販売品	1,200 個

＊（　　）内は加工進捗度を示している。

3．当月の実際原価（実際消費額）

直接材料費：1,020円/kg（実際単価）×12,300kg（実際消費量）＝12,546,000円

直接労務費：4,300円/時（実際賃率）×5,000時間（実際直接作業時間）＝21,500,000円

製造間接費：28,450,000円（実際発生額）

4．直接材料は作業工程の開始時点でその全量が投入されている。

5．原価差異は借方または貸方に各原価要素の区別のみを示せばよい。なお、金額が記入されない欄には「－」を記入すること。

問１　パーシャル・プランによって、当月の仕掛品勘定および製品勘定を完成させなさい。

問２　シングル・プランによって、当月の仕掛品勘定および製品勘定を完成させなさい。

第4問対策－⑳／20問

標準原価計算（勘定記入、損益計算書）

教科書 CHAPTER 12
解答編 113ページ

製品Aを製造している当社では、パーシャル・プランによる標準原価計算を採用している。次の［資料］にもとづいて、当月の仕掛品勘定および月次損益計算書を完成させなさい。

［資　料］

1．製品A１個あたりの標準原価

直接材料費	600円/kg×0.5kg	＝300円
加　工　費	800円/時間×0.25時間	＝200円
		500円

2．当月の生産・販売実績

月初仕掛品	300 個	（60％）	月初製品	100 個
当月着手	1,500		完成品	1,600
合計	1,800 個		合計	1,700 個
月末仕掛品	200	（50％）	月末製品	400
完成品	1,600 個		販売品	1,300 個

3．当月の原価実績

製造費用

直接材料費	476,000円
加　工　費	312,000円

販売費及び一般管理費

販売員給料	680,000円
支払家賃	300,000円
水道光熱費	180,000円
そ　の　他	250,000円

4．製品Aの販売単価は2,000円である。また、標準原価差異は月ごとに損益計算に反映しており、全額を売上原価に賦課する。

第５問対策

第５問の配点は12点で、標準原価計算（差異分析）、直接原価計算、ＣＶＰ分析が出題されます。

ここでは論点ごとに、本試験レベルの問題を確認しておきましょう。

なお、難問対策については、それ以外の問題がしっかり解けるようになったらチャレンジしてみましょう。

問題No.	論　点	「教科書」との対応
第５問対策－❶	標準原価計算（差異分析）－Ⅰ	CHAPTER12
第５問対策－❷	標準原価計算（差異分析）－Ⅱ	CHAPTER12
第５問対策－❸	直接原価計算（財務諸表の作成）	CHAPTER13
第５問対策－❹	直接原価計算（CVP分析）－Ⅰ	CHAPTER13
第５問対策－❺	直接原価計算（CVP分析）－Ⅱ	CHAPTER13
第５問対策－❻	直接原価計算（CVP分析）－Ⅲ	CHAPTER13
第５問対策－❼	標準原価計算と予算実績差異分析	CHAPTER12、14
第５問対策－❽ 難問対策	CVP分析等	CHAPTER13

第5問対策－❶／８問

標準原価計算（差異分析）－Ｉ

教科書 CHAPTER 12
解答編 117ページ

当工場では、製品Ａと製品Ｂの２種類の製品を製造しており、パーシャル・プランの標準原価計算制度を採用している。次の［資料］にもとづいて、以下の各問に答えなさい。なお、問２～問４については答案用紙の（借方・貸方）のいずれかに○をつけること。

［資　料］

1．直接材料の標準単価と標準消費量

	製品Ａ	製品Ｂ
材料の種類	Ｐ	Ｑ
材料の標準単価	1,500円/kg	1,000円/kg
材料の標準消費量	５kg	10kg

2．標準直接作業時間および標準賃率

	製品Ａ	製品Ｂ
標準直接作業時間	３時間	４時間

標準賃率　　2,000円/時間

3．製造間接費の予算データ

年間正常直接作業時間　　48,000時間

年間の製造間接費予算　　168,000,000円

｛うち変動費：72,000,000円
　　　固定費：96,000,000円｝

4．製造間接費の配賦基準は直接作業時間を用いている。

5．当月の実際生産量

	製品Ａ	製品Ｂ
実際生産量	400個	560個

6．直接材料の実際単価と実際消費量

	材料Ｐ	材料Ｑ
実　際　単　価	1,450円/kg	1,020円/kg
実　際　消　費　量	2,100kg	5,550kg

7．実際直接作業時間と実際賃率

実際直接作業時間　3,520時間

実　際　賃　率　1,980円/時間

8．製造間接費の実際発生額は13,885,000円である。

問１　製品Ａ、製品Ｂの原価標準（単位あたりの標準原価）を計算しなさい。

問２　直接材料費の総差異、価格差異、数量差異を計算しなさい。

問３　直接労務費の総差異、賃率差異、時間差異を計算しなさい。

問４　公式法変動予算を用いた場合の製造間接費の総差異、予算差異、操業度差異、能率差異を計算しなさい。ただし、能率差異は変動費と固定費からなるものとする。

標準原価計算（差異分析）－Ⅱ

教科書 CHAPTER 12、(参考)
解答編 123ページ

当工場は、パーシャル・プランの標準原価計算制度を採用している。次の［資料］にもとづいて、以下の各問に答えなさい。

［資　料］

1．年間製造間接費予算は54,000,000円、年間正常直接作業時間は6,000時間と予定されている。
2．製造間接費は直接作業時間を配賦基準としている。なお、製品1個あたりの標準直接作業時間は2時間である。
3．当工場の×8年4月の実際生産量は230個、製造間接費実際発生額は4,200,000円、実際直接作業時間は485時間であった。

問1　×8年4月における製造間接費差異はいくらになるか。なお、借方差異か貸方差異かを判断し、答案用紙の（借方・貸方）のいずれかに○をつけること。

問2　×8年4月における製造間接費差異を、固定予算を前提として予算差異と操業度差異および能率差異に分析しなさい。なお、借方差異か貸方差異かを判断し、答案用紙の（借方・貸方）のいずれかに○をつけること。

問3　公式法変動予算（変動費率5,500円/時間、月間固定予算1,750,000円）を設定していたとした場合の×8年4月における製造間接費差異を、予算差異、操業度差異、能率差異（変動費と固定費からなるものとする）に分析しなさい。なお、借方差異か貸方差異かを判断し、答案用紙の（借方・貸方）のいずれかに○をつけること。

直接原価計算（財務諸表の作成）

教科書 CHAPTER 13
解答編 127ページ

次の［資料］にもとづいて、全部原価計算の損益計算書と直接原価計算の損益計算書をそれぞれ３期分作成しなさい。なお、製造間接費は実際配賦している。また、製品の払出単価の計算は平均法による。

［資　料］

１．販売単価　　12,500円/個

２．製造原価

①　変動製造原価　　3,000円/個

②　固定製造間接費　6,000,000円（期間総額）

３．販売費および一般管理費

①　変動販売費　　500円/個

②　固定販売費および一般管理費　1,000,000円

４．生産・販売数量等

	第１期	第２期	第３期
期首製品在庫量	0個	0個	200個
当期製品生産量	1,000個	1,500個	1,800個
当期製品販売量	1,000個	1,300個	1,700個

＊ 各期首・期末に仕掛品は存在しない。

第5問対策－❹／8問

直接原価計算（CVP分析）－Ⅰ

教科書 CHAPTER 13
解答編 132ページ

製品Uを製造・販売している新潟産業㈱は、当期の実績にもとづいて次期の利益計画を策定している。次の［資料］にもとづいて、以下の各問に答えなさい。なお、期首および期末に仕掛品および製品の在庫はないものとする。

［資　料］当期の実績データ

売上高		@5,000円×10,000個
原　価：	変動製造原価	@2,500円×10,000個
	変動販売費	@　500円×10,000個
	固定製造原価	5,000,000円
	固定販売費・一般管理費	7,000,000円

問1　当期の実績データにもとづいて、⑴貢献利益、⑵損益分岐点における販売量および売上高、⑶安全余裕率を求めなさい。なお、安全余裕率の計算にさいして端数が生じる場合は、小数点以下を切り捨てること。

問2　販売単価、製品1個あたりの変動費、期間固定費は当期と変わらないものとして、⑴営業利益7,500,000円を達成する販売量および売上高、⑵売上高営業利益率25％を達成する販売量および売上高を求めなさい。

問3　競合他社の製品に対抗するため、次期において販売単価を当期よりも20％値下げすることを検討している。この場合において、当期と同額の営業利益を達成する販売量を求めなさい。なお、原価に関しては当期の実績データと変わらないものとする。

直接原価計算（CVP分析）－Ⅱ

教科書 CHAPTER 13
解答編 138ページ

当年度の直接原価計算方式の損益計算書は次のとおりであった。変動費率および固定費が次年度も当年度と同様であるとした場合、下記の各問に答えなさい。

直接原価計算方式の損益計算書

（単位：円）

売上高	3,200,000
変動売上原価	1,750,000
変動製造マージン	1,450,000
変動販売費	330,000
貢献利益	1,120,000
固定費	980,000
営業利益	140,000

問１　損益分岐点の売上高はいくらか。

問２　売上高が3,500,000円のときの営業利益はいくらか。

問３　固定費を70,000円削減したときの損益分岐点の売上高はいくらか。

問４　売上高が3,200,000円、固定費が980,000円のままで、変動費を160,000円削減したときの損益分岐点の売上高は問１のときと比べていくら減少するか。

問５　当年度の経営レバレッジ係数を求めなさい。

直接原価計算（CVP分析）－Ⅲ

教科書 CHAPTER 13
解答編 140ページ

次の［資料］にもとづいて、以下の各問に答えなさい。

［資料1］

直近6か月間の製品生産量と製造原価は次のとおりである。なお、正常操業圏は4,000個から5,500個の間である。

月	製品生産量	製造原価
10月	4,300個	9,720,000円
11月	3,880個	9,012,000円
12月	5,050個	10,296,000円
1月	5,280個	10,636,000円
2月	4,320個	9,430,000円
3月	4,100個	9,220,000円

［資料2：その他の資料］

① 製品の販売単価　4,000円
② 製品単位あたり変動販売費　600円
③ 固定販売費および一般管理費（月間）　1,750,000円

問1　［資料1］の直近6か月間のデータにもとづいて、高低点法により製品単位あたりの変動製造原価と月間の固定製造原価を求めなさい。

問2　問1の結果および［資料2：その他の資料］にもとづいて、以下の数値を計算しなさい。

(1) 貢献利益率
(2) 損益分岐点の売上高
(3) 製品の月間販売量が5,400個の場合において、直接原価計算方式で損益計算書を作成したときの月間営業利益
(4) 製品の月間販売量が5,000個の場合の安全余裕率

第5問対策－⑦／8問

標準原価計算と予算実績差異分析

教科書 CHAPTER 12、14
解答解説 143ページ

当社は製品Ａを製造販売しており、標準原価計算を採用している。次の［資料］にもとづいて、以下の各問に答えなさい。なお、加工費は、機械稼働時間を配賦基準としている。また、当月において生産量と販売量は一致しており、月初・月末に仕掛品と製品の在庫はなかった。

［資　料］

１．予　算

販売価格：4,000円/個

生産・販売量：200個

２．加工費

変動費：420円/時間

固定費：190,000円

基準操業度：500機械稼働時間

製品Ａ１個あたり標準機械稼働時間：２時間

３．実　績

販売価格：3,900円/個

生産・販売量：230個

加工費実際発生額：398,000円

実際機械稼働時間：490時間

問１　予算売上高を計算しなさい。

問２　売上高の予算実績差異分析を行い、販売価格差異と販売数量差異を求めなさい。

問３　加工費の総差異、予算差異、操業度差異、能率差異を計算しなさい。ただし、能率差異は変動費と固定費からなるものとする。

CVP分析等

教科書 CHAPTER 13
解答解説 145ページ

次の［資料］にもとづいて、下記の各問に答えなさい。

［資　料］

(1)　当社は当月から製品甲を製造しており、当月にすべて完成し、販売している。

(2)　当月の売上高は5,904,000円であった。

(3)　当月の総原価の各費目を変動費と固定費に分解した結果、次のとおりであった。

（単位：円）

	変動費	固定費
製　造　原　価		
主要材料費	437,000	—
補助材料費	91,000	—
買入部品費	168,000	—
直接工賃金	820,000	—
間接工賃金	320,000	230,400
従業員賞与手当	—	30,200
減価償却費	—	697,000
その他の間接経費	45,600	88,800
販　売　費	480,000	660,400
一般管理費	—	1,490,000

問1　当月の直接材料費の総額を計算しなさい。

問2　当月の製造間接費の総額を計算しなさい。

問3　当月の変動費の総額を計算しなさい。

問4　原価分解の結果を利用し、当月の貢献利益および貢献利益率を計算しなさい。

問5　原価分解の結果を利用し、当月の損益分岐点の売上高を計算しなさい。

問6　当月に営業利益873,600円を達成するために必要であった売上高を計算しなさい。

日商2級　工業簿記　解答解説編
第4問対策、第5問対策、模擬試験

第**4**問対策－❶／20問

仕訳問題（費目別計算）－Ⅰ

解答

	借方		貸方	
	記号	金額	記号	金額
1	(ア)材料	411,600	(ウ)買掛金	392,000
			(エ)材料副費	19,600
2	(オ)材料副費差異	500	(イ)材料副費	500
3	(ウ)仕掛品	600,000	(イ)賃金・給料	956,000
	(ア)製造間接費	356,000		
4	(イ)仕掛品	1,100,000	(カ)製造間接費	1,100,000
5	(カ)製造間接費配賦差異	130,000	(オ)製造間接費	130,000

解説

費目別計算に関する仕訳問題です。

1 材料の購入と材料副費の処理

材料を購入したときは、購入代価に付随費用（材料副費）を加算した金額で計上します。なお、本問は材料副費を予定配賦しているので、材料の購入代価に材料副費の予定配賦額を加算した金額が材料の購入原価となります。

材料の購入代価：@980円×400kg＝392,000円

材　料　副　費：392,000円×５％＝19,600円

材料の購入原価：392,000円＋19,600円＝411,600円

2 材料副費差異の処理

月末において、材料副費の予定配賦額と実際発生額との差額を**材料副費勘定**から**材料副費差異勘定**に振り替えます。本問では、材料副費の予定配賦額が19,600円、実際発生額が20,100円なので、不利差異（借方差異）が生じていることになります。そこで、予定配賦額と実際発生額との差額を**材料副費差異勘定**の借方に振り替えます。

材料副費差異：19,600円－20,100円＝△500円（不利差異・借方差異）

3 労務費の処理

問題文の指示により、直接工賃金については予定消費賃率を用いて計算します。

直接工の作業時間のうち、「特定の製造指図書にかかる作業時間」とは直接作業時間を意味するため、500時間分の賃金は**賃金・給料勘定**から**仕掛品勘定**に振り替えます。また、「それ以外の作業時間」は間接作業時間を意味するため、80時間分の賃金は**賃金・給料勘定**から**製造間接費勘定**に振り替えます。

間接工の賃金はすべて間接労務費なので、**賃金・給料勘定**から**製造間接費勘定**に振り替えます。

仕　掛　品：@1,200円×500時間＝600,000円
直接工の直接作業賃金

製造間接費：

直接工の間接作業賃金；@1,200円×80時間＝96,000円

間接工の賃金；250,000円＋90,000円－80,000円＝260,000円

合　　計　；96,000円＋260,000円＝356,000円

4 製造間接費の予定配賦

資料から予定配賦率および製造間接費の予定配賦額を計算し、**製造間接費勘定**から**仕掛品勘定**に振り替えます。

予定配賦率：17,600,000円÷8,000時間＝@2,200円

予定配賦額：@2,200円×500時間＝1,100,000円

5 製造間接費配賦差異の処理

月末において、製造間接費の予定配賦額と実際発生額との差額を**製造間接費勘定**から**製造間接費配賦差異勘定**に振り替えます。本問では、製造間接費の予定配賦額が1,100,000円、実際発生額が1,230,000円なので、不利差異（借方差異）が生じていることになります。そこで、予定配賦額と実際発生額との差額を**製造間接費配賦差異勘定**の借方に振り替えます。

製造間接費配賦差異：1,100,000円－1,230,000円＝△130,000円

（不利差異・借方差異）

仕訳問題（費目別計算）－Ⅱ

解答

	借方		貸方	
	記号	金額	記号	金額
1	(イ)製造間接費	142,000	(オ)未払水道光熱費	142,000
2	(ウ)製造間接費	240,000	(オ)減価償却累計額	240,000
3	(ウ)仕掛品	1,500,000	(ア)材料	1,500,000
4	(イ)仕掛品	150,000	(オ)当座預金	150,000
5	(エ)仕掛品	50,000	(イ)当座預金	50,000

解説

費目別計算に関する仕訳問題です。

1 工場の電気代、ガス代、水道代の処理

工場の電気代、ガス代、水道代は間接経費なので、**製造間接費勘定**で処理します。なお、電気代、ガス代、水道代は測定額にもとづいて計上します。

2 減価償却費の処理

工場の建物、機械、設備の減価償却費は間接経費なので、**製造間接費勘定**で処理します。

当月の減価償却費：2,880,000円÷12か月＝240,000円

3 材料の無償支給

外注先に直接材料を無償で支給して加工作業を依頼したときは、直接材料の原価を**材料勘定**から**仕掛品勘定**に振り替えます。

4 外注加工賃の処理

外注加工賃は直接経費なので、**仕掛品勘定**で処理します。

5 特許権使用料の処理

特許権使用料は直接経費なので、**仕掛品勘定**で処理します。

第4問対策－❸／20問　仕訳問題（費目別計算）－Ⅲ

解答

	借方		貸方	
	記号	金額	記号	金額
1	（エ）材料	6,060,000	（ア）買掛金	6,000,000
			（オ）当座預金	60,000
2	（エ）仕掛品	5,961,500	（カ）材料	5,961,500
3	（イ）仕掛品	4,950,000	（ウ）賃金・給料	5,280,000
	（オ）製造間接費	330,000		
4	（ウ）仕掛品	6,750,000	（ア）製造間接費	6,750,000
5 (1)	（ウ）製品	14,410,000	（エ）仕掛品	14,410,000
5 (2)	（イ）売掛金	8,200,000	（オ）売上	8,200,000
	（ア）売上原価	6,952,500	（ウ）製品	6,952,500

解説

費目別計算に関する仕訳問題です。

1 材料の購入

材料を購入したときは、購入代価に付随費用（材料副費）を加算した金額で計上します。

A原料の購入原価：6,000,000円＋60,000円＝6,060,000円

2 材料の消費

先入先出法によって当月の材料費を計算します。なお、特定の製造指図書向けの材料消費額は直接材料費として処理します。

月初在庫のA原料の単価：255,000円÷500kg＝@510円

当月購入分のA原料の単価：6,060,000円÷12,000kg＝@505円

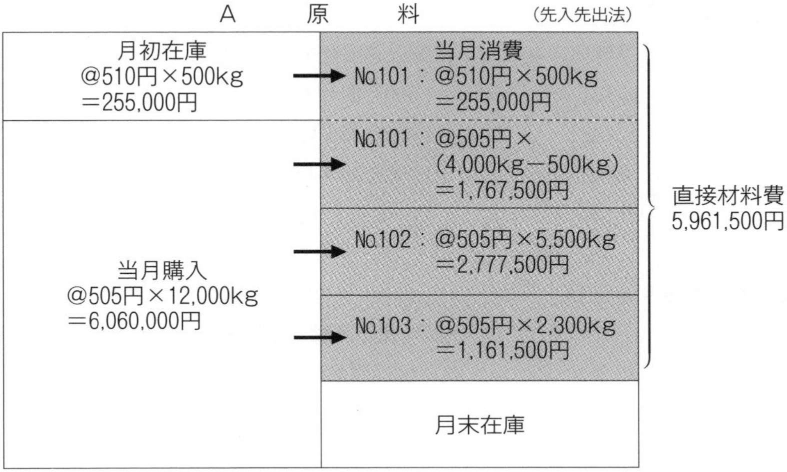

直接材料費：No.101	255,000円＋1,767,500円＝	2,022,500円
No.102		2,777,500円
No.103		1,161,500円
合　計		5,961,500円

3 労務費の消費

当月の労務費を計算します。直接工の賃金のうち、特定の製造指図書向けの賃金消費額は直接労務費、それ以外の賃金消費額は間接労務費として処理します。

直接労務費：No.101	@1,100円×1,500時間＝	1,650,000円
No.102	@1,100円×1,800時間＝	1,980,000円
No.103	@1,100円×1,200時間＝	1,320,000円
合　計		4,950,000円

間接労務費：@1,100円×300時間＝330,000円

4 製造間接費の配賦

直接工の直接作業時間にもとづいて製造間接費を予定配賦します。

製造間接費：№101　@1,500円×1,500時間＝2,250,000円
№102　@1,500円×1,800時間＝2,700,000円
№103　@1,500円×1,200時間＝1,800,000円
合　計　6,750,000円

5 製品の完成と引き渡し

完成した製品（№101、№102）の原価は**仕掛品勘定**から**製品勘定**に振り替えます。さらに、引渡済みの製品（№101）の原価は**製品勘定**から**売上原価勘定**に振り替えます。

完成した製品の原価：

№101　1,030,000円＋2,022,500円＋1,650,000円＋2,250,000円＝6,952,500円
（月初有高）（直接材料費）（直接労務費）（製造間接費）

№102　2,777,500円＋1,980,000円＋2,700,000円＝7,457,500円
（直接材料費）（直接労務費）（製造間接費）

合　計　6,952,500円＋7,457,500円＝14,410,000円

引渡済みの製品の原価：№101　6,952,500円

費目別計算のポイント

[1] 材料費の処理

✔ **直接材料費→仕掛品勘定**で処理

…ある製品にいくらかかったかが直接的に把握できる材料費。**主要材料費**、**買入部品費**は直接材料費

✔ **間接材料費→製造間接費勘定**で処理

…ある製品にいくらかかったかが直接的に把握できない材料費。**補助材料費**、**工場消耗品費**、**消耗工具器具備品費**は間接材料費

[2] 労務費の処理

✔ **直接労務費→仕掛品勘定**で処理

…ある製品にいくらかかったかが直接的に把握できる労務費。**直接工の直接作業賃金**は直接労務費

✔ **間接労務費→製造間接費勘定**で処理

…ある製品にいくらかかったかが直接的に把握できない労務費。**直接工の直接作業賃金以外の労務費**はすべて間接労務費

[3] 経費の処理

✔ **直 接 経 費→仕掛品勘定**で処理

…ある製品にいくらかかったかが直接的に把握できる経費。**外注加工賃**、**特許権使用料**は直接経費

✔ **間 接 経 費→製造間接費勘定**で処理

…ある製品にいくらかかったかが直接的に把握できない経費。外注加工賃と特許権使用料以外のほとんどの経費は間接経費

[4] 予定計算をしている場合の差異の処理

✔ **予定額** − **実際発生額** ＝ **マイナスの値** ならば、不利差異(借方差異)

✔ **予定額** − **実際発生額** ＝ **プ ラ スの値** ならば、有利差異(貸方差異)

※ 借方差異の場合には「○○差異勘定」の借方に金額が記入され、貸方差異の場合には「○○差異勘定」の貸方に金額が記入される

第4問対策－❹／20問 仕訳問題（費目別計算＋個別原価計算＋標準原価計算）

解答

	借方		貸方	
	記号	金額	記号	金額
1	(カ) 仕掛品	560,000	(イ) 材料	560,000
2	(ウ) 消費価格差異	53,000	(オ) 材料	53,000
3	(エ) 仕掛品	284,000	(ア) 製造間接費	284,000
4	(オ) 予算差異	4,400	(ウ) 製造間接費	14,000
	(イ) 操業度差異	9,600		
5	(イ) 製品	1,017,900	(ア) 仕掛品	1,017,900
6	(オ) 仕掛品	62,220	(イ) 材料	62,220
7	(オ) 仕掛品	60,000	(イ) 材料	60,000

解説

費目別計算、個別原価計算、標準原価計算に関する仕訳問題です。

1 材料の消費

予定消費単価@200円を用いて、直接材料費を計上します。

直接材料費：No.101　@200円×　600kg＝120,000円
　　　　　　No.102　@200円×1,000kg＝200,000円
　　　　　　No.103　@200円×1,200kg＝240,000円
　　　　　　　　　　　　　　　　　　　560,000円

2 消費価格差異の計上

先入先出法によって当月の直接材料実際消費額を計算し、予定消費額（1より560,000円）との差額を消費価格差異勘定に計上します。

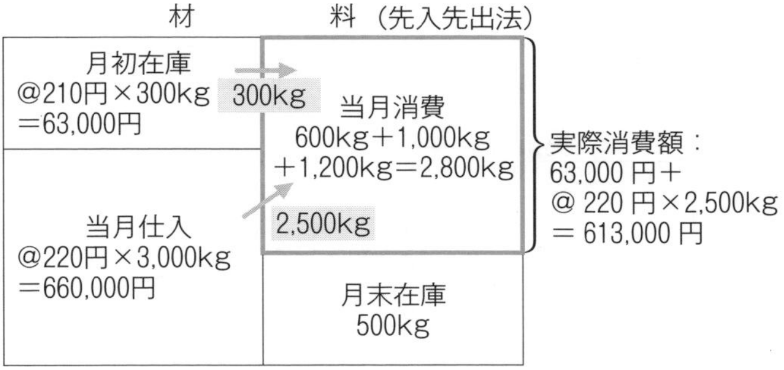

消費価格差異：560,000円－613,000円＝△53,000円（不利差異・借方差異*）
　　　　　　　予定消費額　　実際発生額

＊　予定消費額から実際発生額を差し引いた金額がマイナスとなるので、不利差異（借方差異）であることがわかります。

3 製造間接費の配賦

製造間接費の予定配賦率を計算し、機械稼働時間にもとづいて製造間接費を予定配賦します。

予定配賦率：	変動費	@160円
	固定費	2,160,000円÷9,000時間＝@240円
	合　計	@160円＋@240円＝@400円
予定配賦額：	No.101	@400円×220時間＝　88,000円
	No.102	@400円×300時間＝120,000円
	No.103	@400円×190時間＝　76,000円
		284,000円

4 製造間接費配賦差異の分析と振り替え

製造間接費配賦差異を計算し、予算差異と操業度差異に分解します。なお、予定のデータから実際のデータを差し引いた値がプラスなら有利差異（貸方差異）、マイナスなら不利差異（借方差異）となります。

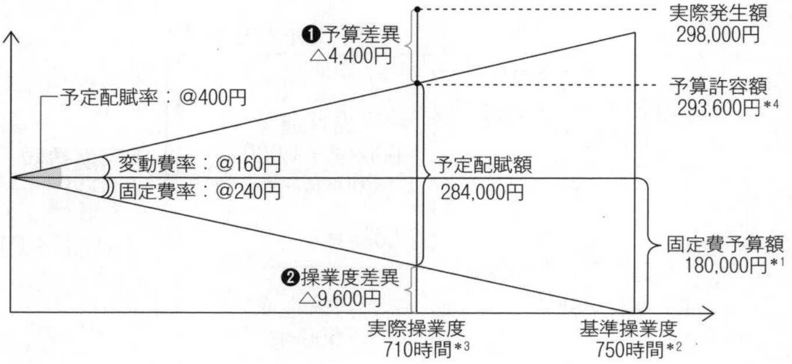

＊1　固定費予算額（月間）：2,160,000円÷12か月＝180,000円

＊2　基準操業度（月間）：9,000時間÷12か月＝750時間

＊3　実際操業度：220時間＋300時間＋190時間＝710時間

＊4　予算許容額：@160円×710時間＋180,000円＝293,600円

製造間接費配賦差異：284,000円－298,000円＝△14,000円（不利差異・借方差異）
（284,000円：予定配賦額（3より）、298,000円：実際発生額）

❶予　算　差　異：293,600円－298,000円＝△4,400円（不利差異・借方差異）
（293,600円：予算許容額、298,000円：実際発生額）

❷操　業　度　差　異：@240円×(710時間－750時間)＝△9,600円
（@240円：固定費率、710時間：実際操業度、750時間：基準操業度）
（不利差異・借方差異）

5 製品の完成

完成した製品（No.101とNo.102）の原価を**仕掛品勘定**から**製品勘定**に振り替えます。

No.101　139,900円＋120,000円＋100,000円＋88,000円＝447,900円
（139,900円：月初有高、120,000円：直接材料費、100,000円：直接労務費、88,000円：製造間接費）

No.102　200,000円＋250,000円＋120,000円＝570,000円
（200,000円：直接材料費、250,000円：直接労務費、120,000円：製造間接費）

合　計　447,900円＋570,000円＝1,017,900円

6 標準原価計算（パーシャル・プラン）

パーシャル・プランでは、仕掛品勘定の当月製造費用（直接材料費、直接労務費、製造間接費）は実際原価で記入し、仕掛品勘定で原価差異を把握します。したがって、実際直接材料費を**材料勘定**から**仕掛品勘定**に振り替えます。

実際直接材料費：@102円×610kg＝62,220円

7 標準原価計算（シングル・プラン）

シングル・プランでは、仕掛品勘定の当月製造費用（直接材料費、直接労務費、製造間接費）は標準原価で記入し、各費目別の勘定で原価差異を把握します。したがって、標準直接材料費を**材料勘定**から**仕掛品勘定**に振り替えます。

標準直接材料費：@300円×200個＝60,000円

または、

標 準 消 費 量：3kg×200個＝600kg

標準直接材料費：@100円×600kg＝60,000円

標準原価計算の勘定記入のポイント

[1] パーシャル・プラン

✔ 仕掛品勘定の当月製造費用（直接材料費、直接労務費、製造間接費）は**実際原価**で記入する→仕掛品勘定で原価差異を把握

[2] シングル・プラン

✔ 仕掛品勘定の当月製造費用（直接材料費、直接労務費、製造間接費）は**標準原価**で記入する→各費目別の勘定で原価差異を把握

第4問対策－❺／20問　仕訳問題（本社工場会計）

解答

	借方		貸方	
	記号	金額	記号	金額
1	(ア)材料	2,520,000	(オ)本社	2,520,000
2	(ウ)仕掛品	1,680,000	(ア)材料	2,184,000
	(エ)製造間接費	504,000		
3	(ア)仕掛品	2,160,000	(イ)賃金・給料	2,628,000
	(オ)製造間接費	468,000		
4	(オ)製造間接費	1,270,000	(エ)賃金・給料	1,270,000
5	(ア)製造間接費	680,000	(エ)設備減価償却累計額	680,000
6	(ウ)仕掛品	2,700,000	(エ)製造間接費	2,700,000
7	(エ)製品	4,650,000	(ア)工場	4,650,000

解説

本社工場会計の仕訳問題です。

まずは取引の仕訳をし、工場に設定された勘定をみて本社の仕訳と工場の仕訳に分解します。

1　材料の購入

素材Aの購入原価：2,400,000円＋120,000円＝2,520,000円

①取引の仕訳	(材料)	2,520,000	(買掛金)	2,400,000
			(現金など)	120,000
②本社の仕訳	(工場)	2,520,000	(買掛金)	2,400,000
			(現金など)	120,000
③工場の仕訳	(材料)	2,520,000	(本社)	2,520,000

2 材料の消費

素材Aの消費単価：2,520,000円÷3,000kg＝@840円

直接材料費：@840円×2,000kg＝1,680,000円

間接材料費：@840円×（2,600kg－2,000kg）＝504,000円

①取引の仕訳	（仕掛品）	1,680,000	（材料）	2,184,000
	（製造間接費）	504,000		
②本社の仕訳	仕訳なし			
③工場の仕訳	（仕掛品）	1,680,000	（材料）	2,184,000
	（製造間接費）	504,000		

3 直接工賃金の消費

直接工の手待時間にかかる賃金（手待賃金）は間接労務費です。

直接労務費：@1,200円×1,800時間＝2,160,000円

間接労務費：@1,200円×（370時間＋20時間）＝468,000円

①取引の仕訳	（仕掛品）	2,160,000	（賃金・給料）	2,628,000
	（製造間接費）	468,000		
②本社の仕訳	仕訳なし			
③工場の仕訳	（仕掛品）	2,160,000	（賃金・給料）	2,628,000
	（製造間接費）	468,000		

4 間接工賃金の消費

間接労務費：1,260,000円＋210,000円－200,000円＝1,270,000円

①取引の仕訳	（製造間接費）	1,270,000	（賃金・給料）	1,270,000
②本社の仕訳	仕訳なし			
③工場の仕訳	（製造間接費）	1,270,000	（賃金・給料）	1,270,000

5 工場設備の減価償却費の計上

工場設備の減価償却費は間接経費なので、**製造間接費勘定**で処理します。

①取 引 の 仕 訳	（製造間接費）	680,000	（設備減価償却累計額）	680,000
②本 社 の 仕 訳	仕訳なし			
③工 場 の 仕 訳	（製造間接費）	680,000	（設備減価償却累計額）	680,000

6 製造間接費の配賦

配賦額：2,160,000円×125％＝2,700,000円

①取 引 の 仕 訳	（仕　掛　品）	2,700,000	（製造間接費）	2,700,000
②本 社 の 仕 訳	仕訳なし			
③工 場 の 仕 訳	（仕　掛　品）	2,700,000	（製造間接費）	2,700,000

7 製品の完成

①取 引 の 仕 訳	（製　　　品）	4,650,000	（仕　掛　品）	4,650,000
②本 社 の 仕 訳	（製　　　品）	4,650,000	（工　　　場）	4,650,000
③工 場 の 仕 訳	（本　　　社）	4,650,000	（仕　掛　品）	4,650,000

本社工場会計のポイント

本社または工場の仕訳の仕方

① 取引の仕訳をする

② ①の仕訳を本社の仕訳と工場の仕訳に分解する

→工場に設置された勘定…工場の仕訳

→工場に設置されていない勘定…本社の仕訳

③ 本社の仕訳で空欄が生じていたら、その空欄には「**工場**」または「**工場元帳**」と記入し、工場の仕訳で空欄が生じていたら、その空欄には「**本社**」または「**本社元帳**」と記入する

第4問対策－⑥／20問　工業簿記の勘定の流れ－Ⅰ

解答

材　料

月初有高	110,000	当月消費高	(968,000)
当月仕入高	(1,030,000)	原価差異	(42,000)
		月末有高	130,000
	(1,140,000)		(1,140,000)

製造間接費

間接材料費	(18,000)	予定配賦額	(580,000)
間接労務費	241,500	原価差異	4,500
間接経費	325,000		
	(584,500)		(584,500)

仕　掛　品

月初有高	333,000	当月完成高	(2,018,000)
直接材料費	(950,000)	月末有高	455,000
直接労務費	610,000		
製造間接費	(580,000)		
	(2,473,000)		(2,473,000)

解説

費目別計算（材料費）に関する勘定記入の問題です。

1　取引の仕訳

各取引の仕訳を示すと次のとおりです。

(1)　主要材料甲の仕入

主要材料（材料）を仕入れたときは、**材料勘定**で処理します。

（材料－主要材料）	600,000	（買掛金）	600,000

(2) 部品乙の仕入

部品（材料）を仕入れたときは、**材料勘定**で処理します。

（材料－部　　品）	250,000	（買　　掛　　金）	250,000

(3) 主要材料甲と部品乙の消費

主要材料および部品を特定の製造指図書向けに出庫しているので、直接材料費として、その消費額を**材料勘定**から**仕掛品勘定**に振り替えます。

（仕　　掛　　品）	620,000	（材料－主要材料）	400,000
		（材料－部　　品）	220,000

(4) 工場消耗品の仕入

工場消耗品（材料）を仕入れたときは、**材料勘定**で処理します。

（材料－工場消耗品）	20,000	（買　　掛　　金）	20,000

(5) 部品乙の仕入

（材料－部　　品）	160,000	（買　　掛　　金）	160,000

(6) 部品乙の消費

部品を特定の製造指図書向けに出庫しているので、直接材料費として、その消費額を**材料勘定**から**仕掛品勘定**に振り替えます。

（仕　　掛　　品）	140,000	（材料－部　　品）	140,000

(7) 主要材料甲の消費

主要材料を特定の製造指図書向けに出庫しているので、直接材料費として、その消費額を**材料勘定**から**仕掛品勘定**に振り替えます。

（仕　　掛　　品）	190,000	（材料－主要材料）	190,000

(8) 工場消耗品の消費

工場消耗品は間接材料なので、その消費額を**材料勘定**から**製造間接費勘定**に振り替えます。

（製 造 間 接 費）	18,000	（材料－工場消耗品）	18,000

2 勘定の金額

各勘定の金額は次のようにして求めます。

(1) 材料勘定

①当月仕入高：600,000円＋250,000円＋20,000円＋160,000円＝1,030,000円
　　　　　　　主要材料　　部品　　工場消耗品　　部品

②当月消費高：400,000円＋220,000円＋140,000円＋190,000円＋18,000円
　　　　　　　主要材料　　部品　　　部品　　主要材料　工場消耗品
　　　　　　＝968,000円

③原価差異：貸借差額＝42,000円

(2) 製造間接費勘定

①間接材料費：間接材料（工場消耗品）の当月消費高＝18,000円

②予定配賦額：貸借差額＝580,000円

(3) 仕掛品勘定

①直接材料費：直接材料（主要材料甲＋部品乙）の当月消費高
　　　　　　＝400,000円＋220,000円＋140,000円＋190,000円＝950,000円
　　　　　　　主要材料　　部品　　　部品　　主要材料

②製造間接費：製造間接費勘定より予定配賦額＝580,000円

③当月完成高：貸借差額＝2,018,000円

勘定の流れを示すと、次のとおりです。

材　料

月初有高	110,000	当月消費高	(968,000)
当月仕入高	(1,030,000)	原価差異	(42,000)［貸借差額］
		月末有高	130,000
	(1,140,000)		(1,140,000)

製造間接費

❶ 間接材料費	(18,000)	予定配賦額	(580,000)［貸借差額］
間接労務費	241,500	原価差異	4,500
間接経費	325,000		
	(584,500)		(584,500)

仕　掛　品

月初有高	333,000	当月完成高	(2,018,000)［貸借差額］
❷ 直接材料費	(950,000)	月末有高	455,000
直接労務費	610,000		
製造間接費	(580,000)		
	(2,473,000)		(2,473,000)

❶工場消耗品（間接材料）の当月消費額

❷主要材料甲および部品乙（ともに直接材料）の当月消費額

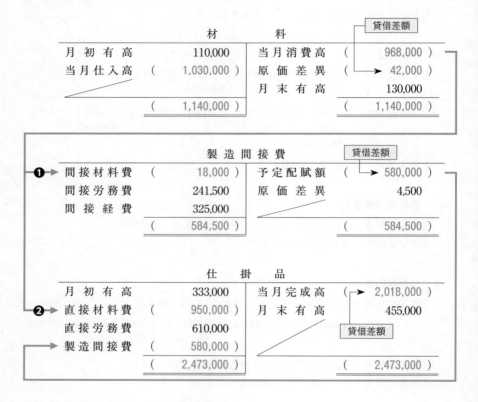

第4問対策－⑦／20問

工業簿記の勘定の流れ－Ⅱ

解答

製造間接費

間接材料費	(118,500)	仕掛品	(700,000)
間接労務費	(361,000)	原価差異	(14,500)
間接経費	(235,000)		
	(714,500)		(714,500)

仕掛品

期首有高	234,000	当期完成高	(2,324,000)
直接材料費	(1,010,000)	期末有高	345,000
直接労務費	(660,000)		
直接経費	(65,000)		
製造間接費	(700,000)		
	(2,669,000)		(2,669,000)

製品

期首有高	356,000	売上原価	(2,257,000)
当期完成高	(2,324,000)	期末有高	423,000
	(2,680,000)		(2,680,000)

損益

売上原価	(2,271,500)	売上高	3,467,000
販売費	(430,000)		
一般管理費	(600,000)		
当期純利益	(165,500)		
	(3,467,000)		(3,467,000)

解説

費目別計算に関する勘定記入の問題です。

はじめに原価を製造原価（材料費、労務費、経費）、販売費、一般管理費に分類し、製造原価をさらに製造直接費と製造間接費に分類してから、各計算および各勘定への記入を行います。

なお、製造間接費を予定配賦しているため、製造間接費配賦差異（原価差異）は売上原価に賦課します。

1 原価の分類

資料の原価を分類すると次のとおりです。

製造原価	材料費	直接材料費	1．素材費
		間接材料費	2．補修用材料費
			8．消耗工具器具備品費
			11. 製造用機械油（工場消耗品）などの消費額
	労務費	直接労務費	3．組立工（直接工）の直接作業賃金
		間接労務費	3．組立工（直接工）の間接作業賃金
			6．修理工（間接工）賃金
			7．工場事務員の給料
	経　費	直接経費	12. 外注加工賃
		間接経費	1．材料棚卸減耗費
			9．福利厚生施設負担額
			10. 工場の固定資産税
			13. 工場の電力料、水道料、ガス代
			14. 工場建物の減価償却費
販　売　費			5．販売員給料
			17. その他の販売費
一般管理費			4．本社建物の減価償却費
			16. 本社役員給料
			18. その他の一般管理費

2 金額の計算

(1) 直接材料費 → 仕掛品勘定へ

1．素材費：50,000円＋1,020,000円－60,000円＝1,010,000円

(2) 間接材料費 → 製造間接費勘定へ

2．補修用材料費 ……………………… 4,500円＋54,000円－5,000円＝ 53,500円
8．消耗工具器具備品費 ……………………………………………… 33,000円
11．製造用機械油などの当期消費額 ………………………………… 32,000円
118,500円

(3) 直接労務費 → 仕掛品勘定へ

3．組立工（直接工）の直接作業賃金：660,000円

(4) 間接労務費 → 製造間接費勘定へ

3．組立工（直接工）の間接作業賃金
…………………… 750,000円＋185,000円－174,000円－660,000円＝101,000円
（750,000円＋185,000円－174,000円：組立工賃金合計、660,000円：直接作業賃金）

6．工場の修理工（間接工）賃金 ……………………………………… 210,000円
7．工場事務員の給料 ………………………………………………… 50,000円
361,000円

(5) 直接経費 → 仕掛品勘定へ

12．外注加工賃：65,000円

(6) 間接経費 → 製造間接費勘定へ

1．材料棚卸減耗費 …………………………… 60,000円－59,000円＝ 1,000円
9．福利厚生施設負担額 ……………………………………………… 15,000円
10．工場の固定資産税 ………………………………………………… 3,000円
13．工場の電力料、水道料、ガス代 …………………………………… 36,000円
14．工場建物の減価償却費 …………………………………………… 180,000円
235,000円

(7) **販売費 → 損益勘定へ**

5．販売員給料 ………………………………………………………… 300,000円
17．その他の販売費 …………………………………………………… 130,000円
430,000円

(8) **一般管理費 → 損益勘定へ**

4．本社建物の減価償却費 ……………………………………………… 200,000円
16．本社役員給料 ………………………………………………………… 150,000円
18．その他の一般管理費 ………………………………………………… 250,000円
600,000円

3 製造間接費の配賦

本問は製造間接費を予定配賦しているので、予定配賦額を**製造間接費勘定**から**仕掛品勘定**へ振り替えます。そして、予定配賦額（製造間接費勘定の貸方）と実際発生額（製造間接費勘定の借方）との差額によって原価差異（製造間接費配賦差異）を計算します。

15．製造間接費予定配賦額：700,000円

製造間接費実際発生額：118,500円（間接材料費）＋361,000円（間接労務費）＋235,000円（間接経費）＝714,500円

原価差異：700,000円－714,500円＝△14,500円（不利差異・借方差異）

4 損益勘定の売上原価

「製造間接費配賦差異は売上原価に賦課する」より、損益勘定の売上原価は原価差異を加減算した金額で計上します。なお、本問の原価差異は不利差異なので、売上原価に原価差異14,500円を加算します。

損益勘定の売上原価：2,257,000円（製品勘定の売上原価）＋14,500円＝2,271,500円

5 勘定の流れ

勘定の流れ（解答部分のみ）を示すと、次のとおりです。

製造間接費

借方	金額	貸方	金額
間接材料費	(118,500)	仕掛品	(700,000)
間接労務費	(361,000)	原価差異	(14,500)
間接経費	(235,000)		
	(714,500)		(714,500)

仕掛品

借方	金額	貸方	金額
期首有高	234,000	当期完成高	(2,324,000)
直接材料費	(1,010,000)	期末有高	345,000
直接労務費	(660,000)		
直接経費	(65,000)		
製造間接費	(700,000)		
	(2,669,000)		(2,669,000)

貸借差額

製品

借方	金額	貸方	金額
期首有高	356,000	売上原価	(2,257,000)
当期完成高	(2,324,000)	期末有高	423,000
	(2,680,000)		(2,680,000)

貸借差額

＋14,500円

損益

借方	金額	貸方	金額
売上原価	(2,271,500)	売上高	3,467,000
販売費	(430,000)		
一般管理費	(600,000)		
当期純利益	(165,500)		
	(3,467,000)		(3,467,000)

貸借差額

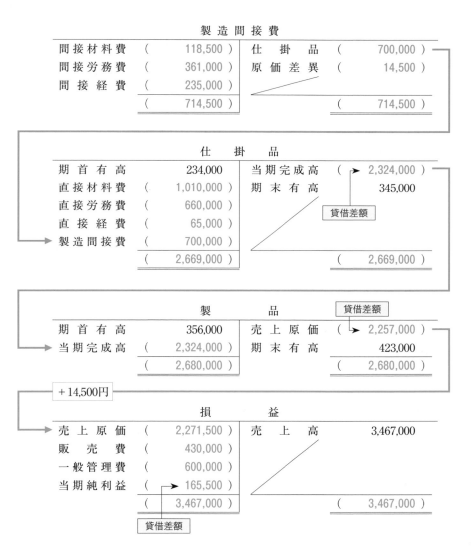

第4問対策－❽／20問　単純個別原価計算－Ⅰ

解答

仕　掛　品

5/1	月初有高	(1,302,000)	5/31	当月完成高	(3,964,000)
31	直接材料費	(1,570,000)	〃	月末有高	(464,000)
〃	直接労務費	(882,000)			
〃	製造間接費	(674,000)			
		(4,428,000)			(4,428,000)

製　　品

5/1	月初有高	(1,040,000)	5/31	売上原価	(3,824,000)
31	当月完成高	(3,964,000)	〃	月末有高	(1,180,000)
		(5,004,000)			(5,004,000)

解説

個別原価計算に関する勘定記入の問題です。

1 各製品の状態

原価計算表の備考欄をみて、各製品の月初および月末の状態を確認します。

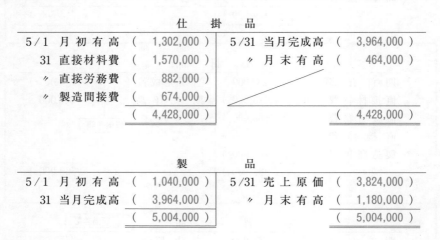

製造指図書番号	備　　考	月初（5／1）の状態	月末（5／31）の状態
101	製造着手日：4／10 完　成　日：4／30 引　渡　日：5／2	4月着手・4月完成 →製品	5月引渡 →売上原価
102	製造着手日：4／15 完　成　日：5／10 引　渡　日：5／12	4月着手・4月未完成 →仕掛品	5月完成・引渡 →売上原価
103	製造着手日：5／8 完　成　日：5／25 引　渡　日：5／28	5月から着手 →月初なし	5月完成・引渡 →売上原価
104	製造着手日：5／11 完　成　日：5／31 引　渡　日：6／2予定	5月から着手 →月初なし	5月完成・未引渡 →製品
105	製造着手日：5／28 完　成　日：6／17予定 引　渡　日：6／20予定	5月から着手 →月初なし	5月未完成 →仕掛品

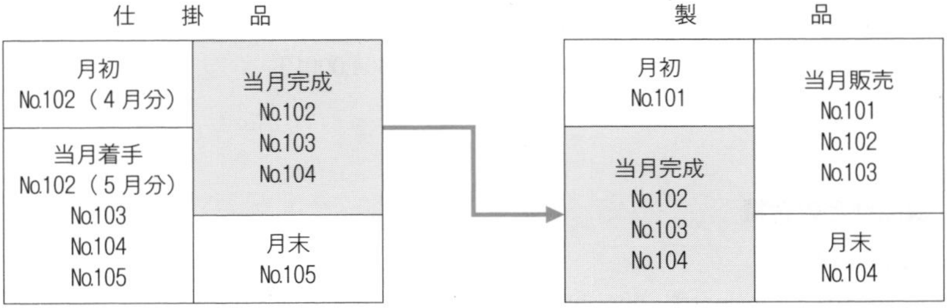

2 仕掛品勘定の金額

(1) 月初有高

No.102（4月分）：580,000円（直接材料費）＋410,000円（直接労務費）＋312,000円（製造間接費）＝1,302,000円

(2) 当月着手・直接材料費

120,000円（No.102（5月分））＋520,000円（No.103）＋550,000円（No.104）＋380,000円（No.105）＝1,570,000円

(3) 当月着手・直接労務費

90,000円 + 384,000円 + 360,000円 + 48,000円 = 882,000円

No.102（5月分）　No.103　No.104　No.105

(4) 当月着手・製造間接費

78,000円 + 290,000円 + 270,000円 + 36,000円 = 674,000円

No.102（5月分）　No.103　No.104　No.105

(5) 当月完成高

No.102：1,302,000円 + 120,000円 + 90,000円 + 78,000円 = 1,590,000円

月初（4月分）　直接材料費（5月分）　直接労務費（5月分）　製造間接費（5月分）

No.103：520,000円 + 384,000円 + 290,000円 = 1,194,000円

直接材料費　直接労務費　製造間接費

No.104：550,000円 + 360,000円 + 270,000円 = 1,180,000円

直接材料費　直接労務費　製造間接費

合　計：1,590,000円 + 1,194,000円 + 1,180,000円 = 3,964,000円

(6) 月末有高

No.105：380,000円 + 48,000円 + 36,000円 = 464,000円

直接材料費　直接労務費　製造間接費

3 製品勘定の金額

(1) 月初有高

No.101：480,000円 + 320,000円 + 240,000円 = 1,040,000円

直接材料費　直接労務費　製造間接費

(2) 当月完成高

仕掛品勘定・当月完成高より3,964,000円

(3) 売上原価（当月引渡高）

1,040,000円 + 1,590,000円 + 1,194,000円 = 3,824,000円

No.101　No.102　No.103

(4) 月末有高

No.104：1,180,000円

単純個別原価計算のポイント

原価計算表の備考欄と製品の状態

原価計算表の備考欄		製品の状態
未完成	→	仕 掛 品
完成・未引渡	→	製　　品
完成・引渡済	→	売上原価

第4問対策－❾／20問　単純個別原価計算－Ⅱ

解答

仕　掛　品

8/1	月初有高	(1,410,000)	8/31	当月完成高	(7,643,000)
31	直接材料費	(1,425,000)	〃	月末有高	(520,000)
〃	直接労務費	(2,368,000)			
〃	製造間接費	(2,960,000)			
		(8,163,000)			(8,163,000)

製　　品

8/1	月初有高	(2,050,000)	8/31	売上原価	(7,615,000)
31	当月完成高	(7,643,000)	〃	月末有高	(2,078,000)
		(9,693,000)			(9,693,000)

解説

補修指図書がある場合の個別原価計算に関する勘定記入の問題です。

個別原価計算で製品の一部に仕損が発生したときは、補修指図書を発行して、その補修をします。なお、補修指図書に集計された原価は、もとの製造指図書の原価に含めます。

1 各製品の状態

原価計算表の備考欄をみて、各製品の月初および月末の状態を確認します。

製造指図書番号	備　　考	月初（8/1）の状態	月末（8/31）の状態
101	製造着手日：7/5 完　成　日：7/30 引　渡　日：8/3	7月着手・7月完成 →製品	8月引渡 →売上原価
102	製造着手日：7/15 完　成　日：8/13 引　渡　日：8/17	7月着手・7月未完成 →仕掛品	8月完成・引渡 →売上原価
103	製造着手日：8/4 一部仕損発生日：8/10 完　成　日：8/30 引　渡　日：8/31	8月から着手 →月初なし	8月完成・引渡 →売上原価
103-2	補修開始日：8/10 補修完了日：8/12	8月から補修開始 →月初なし	8月に補修終了 →No.103の原価
104	製造着手日：8/18 完　成　日：8/31 引　渡　日：9/2予定	8月から着手 →月初なし	8月完成・未引渡 →製品
105	製造着手日：8/25 完　成　日：9/20予定 引　渡　日：9/22予定	8月から着手 →月初なし	8月未完成 →仕掛品

仕　掛　品

月初 No.102（7月分）	当月完成 No.102 No.103 No.103-2 No.104
当月着手 No.102（8月分） No.103 No.103-2 No.104 No.105	月末 No.105

製　　品

月初 No.101	当月販売 No.101 No.102 No.103 No.103-2
当月完成 No.102 No.103 No.103-2 No.104	月末 No.104

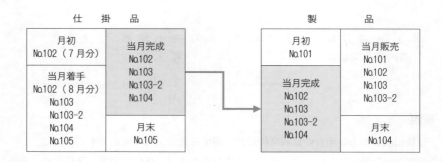

2 製造間接費の金額

(1) 直接作業時間の計算

直接労務費を予定賃率@1,600円で割って、各製造指図書の直接作業時間を計算します。

No.101　　　　：640,000円÷@1,600円＝400時間
No.102（7月分）：480,000円÷@1,600円＝300時間
　　　（8月分）：320,000円÷@1,600円＝200時間
No.103　　　　：1,040,000円÷@1,600円＝650時間
No.103-2　　　：80,000円÷@1,600円＝50時間
No.104　　　　：768,000円÷@1,600円＝480時間
No.105　　　　：160,000円÷@1,600円＝100時間

(2) 製造間接費の計算

直接作業時間に予定配賦率@2,000円を掛けて、各製造指図書の製造間接費を計算します。

No.101　　　　：@2,000円×400時間＝800,000円
No.102（7月分）：@2,000円×300時間＝600,000円
　　　（8月分）：@2,000円×200時間＝400,000円
No.103　　　　：@2,000円×650時間＝1,300,000円
No.103-2　　　：@2,000円×50時間＝100,000円
No.104　　　　：@2,000円×480時間＝960,000円
No.105　　　　：@2,000円×100時間＝200,000円

3 仕掛品勘定の金額

(1) 月初有高

No.102（7月分）：330,000円＋480,000円＋600,000円＝1,410,000円
（直接材料費　直接労務費　製造間接費）

(2) 当月着手・直接材料費

110,000円＋650,000円＋155,000円＋350,000円＋160,000円＝1,425,000円
（No.102（8月分）　No.103　No.103-2　No.104　No.105）

(3) 当月着手・直接労務費

320,000円＋1,040,000円＋80,000円＋768,000円＋160,000円＝2,368,000円
（No.102（8月分）　No.103　No.103-2　No.104　No.105）

(4) 当月着手・製造間接費

400,000円 + 1,300,000円 + 100,000円 + 960,000円 + 200,000円 = 2,960,000円

No.102（8月分）　No.103　No.103-2　No.104　No.105

(5) 当月完成高

No.102：1,410,000円 + 110,000円 + 320,000円 + 400,000円 = 2,240,000円

月初（7月分）　直接材料費（8月分）　直接労務費（8月分）　製造間接費（8月分）

No.103：650,000円 + 1,040,000円 + 1,300,000円 = 2,990,000円

直接材料費　直接労務費　製造間接費

No.103-2：155,000円 + 80,000円 + 100,000円 = 335,000円

直接材料費　直接労務費　製造間接費

No.103（合計）：2,990,000円 + 335,000円 = 3,325,000円

No.104：350,000円 + 768,000円 + 960,000円 = 2,078,000円

直接材料費　直接労務費　製造間接費

合 計：2,240,000円 + 3,325,000円 + 2,078,000円 = 7,643,000円

(6) 月末有高

No.105：160,000円 + 160,000円 + 200,000円 = 520,000円

直接材料費　直接労務費　製造間接費

4 製品勘定の金額

(1) 月初有高

No.101：610,000円 + 640,000円 + 800,000円 = 2,050,000円

直接材料費　直接労務費　製造間接費

(2) 当月完成高

仕掛品勘定・当月完成高より7,643,000円

(3) 売上原価（当月引渡高）

2,050,000円 + 2,240,000円 + 3,325,000円 = 7,615,000円

No.101　No.102　No.103

(4) 月末有高

No.104：2,078,000円

第4問対策－⑩／20問　部門別個別原価計算

解答

問1

部門別配賦表　　(単位：円)

摘要	合計	製造部門		補助部門	
		切削部門	組立部門	動力部門	管理部門
部門費	5,154,000	2,920,000	1,731,500	300,000	202,500
動力部門費	300,000	200,000	100,000		
管理部門費	202,500	90,000	112,500		
製造部門費	5,154,000	3,210,000	1,944,000		

問2

切削部門の部門別配賦率： 2,140 円/時間

組立部門の部門別配賦率： 1,620 円/時間

問3

製造指図書No.101に配賦される製造間接費： 859,000 円

解説

部門別個別原価計算の問題です。

直接配賦法では、補助部門間のサービスのやりとりを計算上無視し、補助部門費を製造部門のみに配賦します。

問1　部門別配賦表の作成

(1)　動力部門費の配賦

切削部門：
組立部門：

$$\frac{300{,}000円}{2{,}000\text{kWh}+1{,}000\text{kWh}}\times\begin{cases}2{,}000\text{kWh}=200{,}000円\\1{,}000\text{kWh}=100{,}000円\end{cases}$$

(2)　**管理部門費の配賦**

切削部門：$\dfrac{202{,}500円}{80人+100人}\times\begin{cases}80人=\ \ 90{,}000円\\100人=112{,}500円\end{cases}$

組立部門：

問2　部門別配賦率の計算

(1)　**切削部門**

切削部門費：2,920,000円＋200,000円＋90,000円＝3,210,000円

配賦率：3,210,000円÷1,500時間＝@2,140円

(2)　**組立部門**

組立部門費：1,731,500円＋100,000円＋112,500円＝1,944,000円

配賦率：1,944,000円÷1,200時間＝@1,620円

問3　部門別計算を行った場合の製造指図書No.101への配賦額

@2,140円×250時間＋@1,620円×200時間＝859,000円

部門別個別原価計算のポイント

[1]　直接配賦法

補助部門間のサービスのやりとりを計算上無視し、補助部門費を製造部門のみに配賦する方法

[2]　相互配賦法

補助部門間のサービスのやりとりも考慮し、補助部門費を製造部門と他の補助部門に配賦する方法

２級で学習する相互配賦法は、第１次配賦では、補助部門費を製造部門と他の補助部門に配賦し、第２次配賦では、第１次配賦で他の補助部門から配賦された金額を製造部門のみに配賦する方法

第4問対策－⑪／20問　製造原価報告書、損益計算書の作成－Ⅰ

解答

製造原価報告書　（単位：万円）

Ⅰ　直接材料費		
期首素材棚卸高	（　4,500　）	
当期素材仕入高	（　32,000　）	
合　計	（　36,500　）	
期末素材棚卸高	（　5,400　）	（　31,100　）
Ⅱ　直接労務費		
直接工賃金		（　20,100　）
Ⅲ　製造間接費		
間接材料費	（　13,960　）	
間接労務費	（　12,820　）	
光熱費	（　2,460　）	
工場建物減価償却費	（　9,300　）	
工場機械減価償却費	（　5,070　）	
工場固定資産税	（　450　）	
福利施設負担額	（　2,300　）	（　46,360　）
当期総製造費用		（　97,560　）
期首仕掛品棚卸高		（　4,800　）
合　計		（　102,360　）
期末仕掛品棚卸高		（　4,100　）
当期製品製造原価		（　98,260　）

損　益　計　算　書　　　　(単位：万円)

Ⅰ　売　上　高		108,820
Ⅱ　売 上 原 価		
期首製品棚卸高	(　8,800　)	
当期製品製造原価	(　98,260　)	
合　計	(　107,060　)	
期末製品棚卸高	(　8,100　)	(　98,960　)
売 上 総 利 益		(　9,860　)
Ⅲ　販売費および一般管理費		(　8,600　)
営　業　利　益		(　1,260　)

解説

製造原価報告書および損益計算書を作成する問題です。

はじめに原価を製造原価（材料費、労務費、経費）と販売費および一般管理費に分類し、製造原価をさらに製造直接費と製造間接費に分類します。

1 原価の分類

資料の原価を分類すると次のとおりです。

<table>
<tr><td rowspan="6">製造原価</td><td rowspan="2">材料費</td><td>直接材料費</td><td>1．素材費</td></tr>
<tr><td>間接材料費</td><td>1．補助材料費
4．工場消耗品費
11．消耗工具器具備品費</td></tr>
<tr><td rowspan="2">労務費</td><td>直接労務費</td><td>2．直接工の賃金</td></tr>
<tr><td>間接労務費</td><td>2．間接工の賃金
5．工場従業員の法定福利費
7．工場事務職員給料</td></tr>
<tr><td rowspan="2">経費</td><td>直接経費</td><td>－</td></tr>
<tr><td>間接経費</td><td>3．工場建物の減価償却費
9．工員用社宅など福利施設負担額
12．工場の光熱費
15．工場機械の減価償却費
16．工場の固定資産税</td></tr>
</table>

販売費および一般管理費	6．本社職員給料 8．重役室費 10. 広告費 13. 本社役員給料 14. 販売員給料 17. 本社建物の減価償却費 18. その他の販売費 19. その他の一般管理費

2 金額の計算

(1) 直接材料費

1．素材費：4,500万円＋32,000万円－5,400万円＝31,100万円

(2) 間接材料費 → 製造間接費

1．補助材料費 ………… 590万円＋6,250万円－370万円＝ 6,470万円
4．工場消耗品費 ………… 4,100万円
11. 消耗工具器具備品費 ………… 3,390万円
13,960万円

(3) 直接労務費

2．直接工の賃金：20,900万円＋1,900万円－2,700万円＝20,100万円

(4) 間接労務費 → 製造間接費

2．間接工の賃金 ………… 6,260万円＋430万円－370万円＝6,320万円
5．工場従業員の法定福利費 ………… 1,200万円
7．工場事務職員給料 ………… 5,300万円
12,820万円

**(5) 間接経費 → **製造間接費

3．工場建物の減価償却費 …… 9,300万円

9．工員用社宅など福利施設負担額 …… 2,300万円

12. 工場の光熱費 …… 2,460万円

15. 工場機械の減価償却費 …… 5,070万円

16. 工場の固定資産税 …… 450万円

19,580万円

**(6) 販売費および一般管理費 → **損益計算書

6．本社職員給料 …… 1,900万円

8．重役室費 …… 430万円

10. 広告費 …… 1,500万円

13. 本社役員給料 …… 1,100万円

14. 販売員給料 …… 770万円

17. 本社建物の減価償却費 …… 2,050万円

18. その他の販売費 …… 380万円

19. その他の一般管理費 …… 470万円

8,600万円

第4問対策－⑫／20問　製造原価報告書、損益計算書の作成－Ⅱ

解答

製造原価報告書　（単位：万円）

Ⅰ　直接材料費		（12,700）
Ⅱ　直接労務費		（7,760）
Ⅲ　直接経費		（520）
Ⅳ　製造間接費		（16,950）
合計		（37,930）
製造間接費配賦差異	[+・⊖]	（1,430）
当期総製造費用		（36,500）
期首仕掛品棚卸高		（9,000）
合計		（45,500）
期末仕掛品棚卸高		（9,200）
当期製品製造原価		（36,300）

損益計算書　（単位：万円）

Ⅰ　売上高			54,390
Ⅱ　売上原価			
期首製品棚卸高		（4,200）	
当期製品製造原価		（36,300）	
合計		（40,500）	
期末製品棚卸高		（6,200）	
差引		（34,300）	
原価差異	[⊕・－]	（1,430）	（35,730）
売上総利益			（18,660）
Ⅲ　販売費および一般管理費			（13,240）
営業利益			（5,420）

※［　］内は「＋」または「－」のいずれかに○をつけること。

解説

製造原価報告書および損益計算書を作成する問題です。

はじめに原価を製造原価（材料費、労務費、経費）と販売費および一般管理費に分類し、製造原価をさらに製造直接費と製造間接費に分類します。

1 原価の分類

資料の原価を分類すると次のとおりです。

製造原価	材料費	直接材料費	1．原料費
		間接材料費	1．補助材料費
	労務費	直接労務費	2．直接工の賃金
		間接労務費	2．間接工の賃金
			2．事務職員の給料
	経　費	直 接 経 費	8．外注加工賃
		間 接 経 費	3．工場の福利施設負担額
			6．工場機械の減価償却費
			7．工場建物の減価償却費
			10．工場の水道光熱費
販売費および一般管理費			4．広告宣伝費
			5．本社職員給料
			9．営業所建物の減価償却費
			11．営業所の水道光熱費
			12．その他の販売費および一般管理費

2 金額の計算

(1) 直接材料費

1．原料費：3,400万円＋11,800万円－2,500万円＝12,700万円

(2) 間接材料費 → 製造間接費実際発生額

1．補助材料費：580万円＋6,200万円－1,200万円＝5,580万円

(3) 直接労務費

2．直接工の賃金：7,640万円＋1,240万円－1,120万円＝7,760万円

⑷　**間接労務費**　→　製造間接費実際発生額

2．間接工の賃金 ………………………… 4,400万円＋480万円－580万円＝4,300万円

2．事務職員の給料 …………………… 1,500万円＋200万円－150万円＝1,550万円

5,850万円

⑸　**直接経費**

8．外注加工賃：520万円

⑹　**間接経費**　→　製造間接費実際発生額

3．工場の福利施設負担額 ………………………………………………… 330万円

6．工場機械の減価償却費 ………………………………………………… 2,700万円

7．工場建物の減価償却費 ………………………………………………… 2,050万円

10．工場の水道光熱費 …………………………………………………… 440万円

5,520万円

⑺　**販売費および一般管理費**　→　損益計算書

4．広告宣伝費 ……………………………………………………………… 2,810万円

5．本社職員給料 …………………………………………………………… 3,300万円

9．営業所建物の減価償却費 ……………………………………………… 2,400万円

11．営業所の水道光熱費 ………………………………………………… 260万円

12．その他の販売費および一般管理費 ………………………………… 4,470万円

13,240万円

3　製造間接費の配賦

本問は製造間接費を予定配賦しているので、予定配賦額を計算します。

なお、製造原価報告書上では製造間接費を実際発生額で記入してから、製造間接費配賦差異を加減算して、最終的に予定配賦額が計上されるように調整します。

そして、損益計算書上で製造間接費配賦差異を売上原価に加減算します。

具体的には、不利差異（借方差異）なら売上原価に加算し、有利差異（貸方差異）なら売上原価から減算します。

(1)　製造間接費予定配賦額

7,760万円 × 200% = 15,520万円
直接労務費

(2)　製造間接費実際発生額

5,580万円 + 5,850万円 + 5,520万円 = 16,950万円
間接材料費　　間接労務費　　間接経費

(3)　製造間接費配賦差異

15,520万円 − 16,950万円 = △1,430万円（不利差異・借方差異）

→製造原価報告書からは減算、損益計算書の売上原価には加算

製造原価報告書　（単位：万円）

Ⅰ 直接材料費		(12,700)
Ⅱ 直接労務費		(7,760)
Ⅲ 直接経費		(520)
Ⅳ 製造間接費	実際発生額 →	(16,950)
合計		(37,930)
製造間接費配賦差異	有利差異なら「+」 不利差異なら「−」 → [+・⊖]	(1,430)
当期総製造費用	直接材料費 12,700万円 直接労務費 7,760万円 直接経費 520万円 製造間接費 15,520万円 （予定配賦額）36,500万円 →	(36,500)
期首仕掛品棚卸高		(9,000)
合計		(45,500)
期末仕掛品棚卸高		(9,200)
当期製品製造原価		(36,300)

損益計算書　（単位：万円）

Ⅰ 売上高			54,390
Ⅱ 売上原価			
期首製品棚卸高		(4,200)	
当期製品製造原価		(36,300)	
合計		(40,500)	
期末製品棚卸高		(6,200)	
差引		(34,300)	
原価差異	[⊕・−]	(1,430)	(35,730)
売上総利益	有利差異なら「−」 不利差異なら「+」		(18,660)
Ⅲ 販売費および一般管理費			(13,240)
営業利益			(5,420)

製造原価報告書・損益計算書のポイント

[1] 製造間接費配賦差異の取り扱い

✔ 製造間接費配賦差異は製造原価報告書および損益計算書で加減算する

[2] 製造間接費配賦差異の符号のルール

✔ 製造原価報告書上の加減の符号と、損益計算書上の加減の符号は逆になる

有利差異（貸方差異）	製造原価報告書では加算（＋） 損益計算書の売上原価から減算（－）
不利差異（借方差異）	製造原価報告書では減算（－） 損益計算書の売上原価に加算（＋）

第4問対策－⑬／20問　単純総合原価計算－Ⅰ

解答

問1

総合原価計算表　　　　(単位：円)

	原料費	加工費	合計
月初仕掛品原価	944,000	1,108,800	2,052,800
当月製造費用	10,384,000	16,811,200	27,195,200
合計	11,328,000	17,920,000	29,248,000
差引：月末仕掛品原価	1,152,000	960,000	2,112,000
完成品総合原価	10,176,000	16,960,000	27,136,000

問2　売上原価：26,000,000円

解説

減損の処理を含む単純総合原価計算の問題です。

減損は両者負担で処理するので、減損はなかったものとして計算します。

問1　総合原価計算表の作成

(1)　原料費の計算〈平均法〉

仕　掛　品　(平均法)

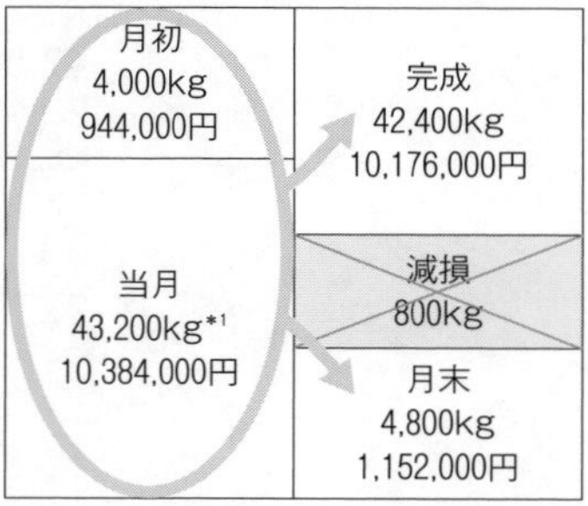

＊1　42,400kg＋4,800kg－4,000kg＝43,200kg

$$\text{平均単価：}\frac{944{,}000\text{円}+10{,}384{,}000\text{円}}{42{,}400\text{kg}+4{,}800\text{kg}}=@240\text{円}$$

月末仕掛品：@240円×4,800kg＝1,152,000円

完　成　品：@240円×42,400kg＝10,176,000円

(2)　加工費の計算〈平均法〉

仕　掛　品　(平均法)

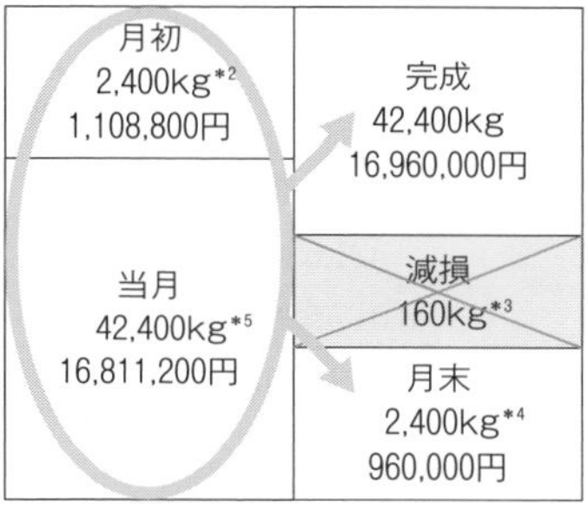

＊2　4,000kg×60％＝2,400kg
＊3　800kg×20％＝160kg
＊4　4,800kg×50％＝2,400kg
＊5　42,400kg＋2,400kg
　　－2,400kg＝42,400kg

平均単価：$\dfrac{1{,}108{,}800円＋16{,}811{,}200円}{42{,}400\text{kg}＋2{,}400\text{kg}}$＝@400円

月末仕掛品：@400円×2,400kg＝960,000円

完　成　品：@400円×42,400kg＝16,960,000円

(3)　完成品総合原価等

月末仕掛品原価：1,152,000円＋960,000円＝2,112,000円

完成品総合原価：10,176,000円＋16,960,000円＝27,136,000円

問2　当月の売上原価

製　　品　(先入先出法)

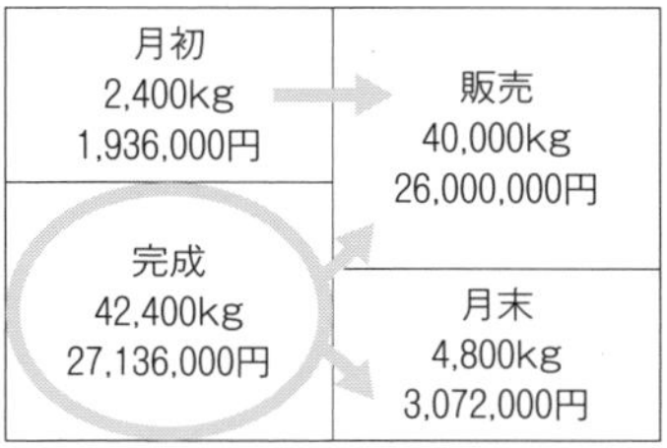

月末製品原価：$\dfrac{27{,}136{,}000円}{42{,}400\text{kg}}$×4,800kg＝3,072,000円

売上原価：1,936,000円＋27,136,000円－3,072,000円＝26,000,000円

第4問対策－⑭／20問　単純総合原価計算－Ⅱ

解答

問１

総合原価計算表　（単位：円）

	原料費	加工費	合計
月初仕掛品原価	388,880	321,680	710,560
当月製造費用	4,229,120	8,017,520	12,246,640
合計	4,618,000	8,339,200	12,957,200
差引：月末仕掛品原価	1,888,000	2,224,000	4,112,000
完成品総合原価	2,730,000	6,115,200	8,845,200
完成品単位原価	250	560	810

問２　完成品総合原価：8,823,376円

解説

仕損の処理を含む単純総合原価計算の問題です。

本問のように仕損の発生点が不明の場合には、両者負担で処理します。

問１　総合原価計算表の作成

(1)　原料費の計算〈先入先出法〉

仕　掛　品（先入先出法）

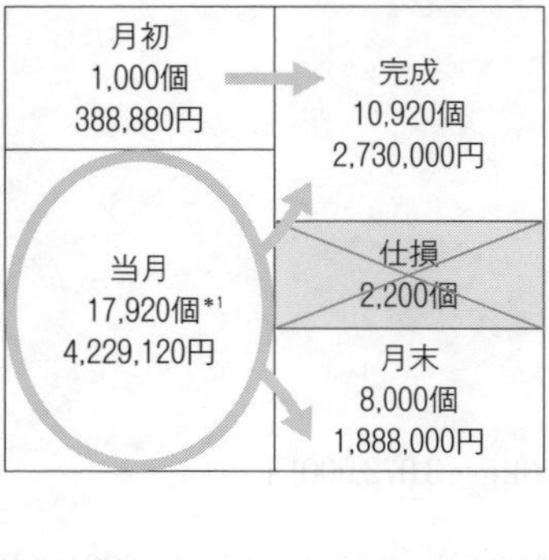

＊１　20,120個－2,200個＝17,920個
または
10,920個＋8,000個－1,000個＝17,920個

月末仕掛品：$\dfrac{4{,}229{,}120\text{円}}{17{,}920\text{個}}\times 8{,}000\text{個}=1{,}888{,}000\text{円}$

完　成　品：388,880円＋4,229,120円－1,888,000円＝2,730,000円

完成品単価：2,730,000円÷10,920個＝@250円

(2) 加工費の計算〈先入先出法〉

仕　掛　品（先入先出法）

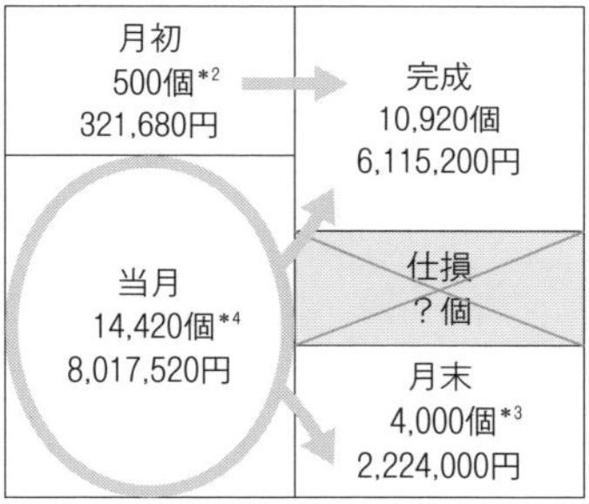

＊2　1,000個×50％＝500個

＊3　8,000個×50％＝4,000個

＊4　10,920個＋4,000個－500個
＝14,420個

月末仕掛品：$\dfrac{8{,}017{,}520\text{円}}{14{,}420\text{個}}\times 4{,}000\text{個}=2{,}224{,}000\text{円}$

完　成　品：321,680円＋8,017,520円－2,224,000円＝6,115,200円

完成品単価：6,115,200円÷10,920個＝@560円

(3) 完成品総合原価等

月末仕掛品原価：1,888,000円＋2,224,000円＝4,112,000円

完成品総合原価：2,730,000円＋6,115,200円＝8,845,200円

完成品単位原価：@250円＋@560円＝@810円

問2 仕損品に評価額がある場合

仕損品に評価額がある場合は、仕損品の原価から仕損品評価額を控除します。

本問のように両者負担の場合には、当月投入原価（通常は原料費や材料費）から仕損品の評価額を控除したあと、月末仕掛品原価と完成品総合原価を計算します。

なお、完成品のみ負担の場合には、月末仕掛品原価と完成品総合原価を計算したあと、完成品総合原価から仕損品評価額を控除します。

(1) 原料費の計算〈先入先出法〉

仕　掛　品（先入先出法）

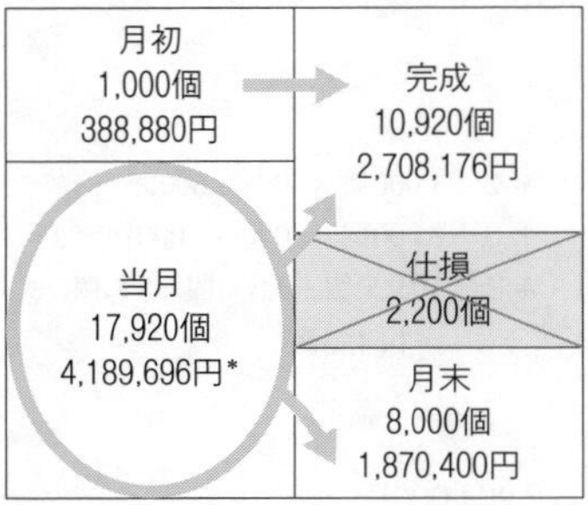

＊　4,229,120円－39,424円＝4,189,696円

月末仕掛品：$\dfrac{4{,}189{,}696\text{円}}{17{,}920\text{個}} \times 8{,}000\text{個} = 1{,}870{,}400\text{円}$

完　成　品：388,880円＋4,189,696円－1,870,400円＝2,708,176円

(2) 加工費の計算〈先入先出法〉

加工費の計算は 問1 と同じです。

(3) 完成品総合原価等

月末仕掛品原価：1,870,400円＋2,224,000円＝4,094,400円

完成品総合原価：2,708,176円＋6,115,200円＝8,823,376円

総合原価計算における仕損・減損のポイント

[1] 完成品のみ負担と両者負担

✓ **完成品のみ負担の場合**

→正常仕損品（正常減損）を完成品とみなして計算する

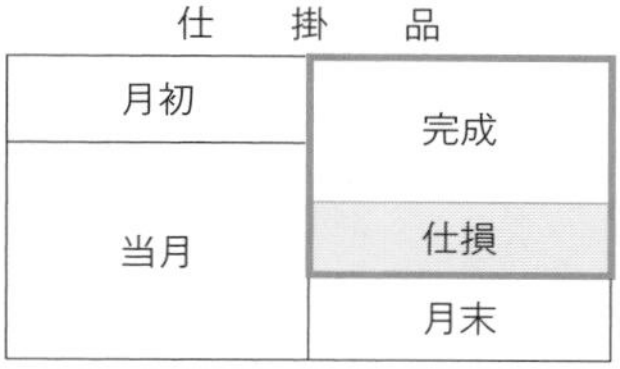

✓ **両者負担の場合**

→正常仕損（正常減損）がなかったものとして、当月投入総製造費用（月初仕掛品原価＋当月投入製造原価）を完成品と月末仕掛品に按分する

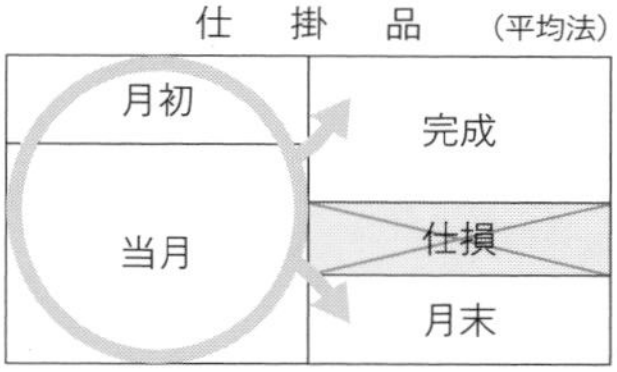

[2] 仕損または減損の発生点が不明の場合の処理

✓ 仕損または減損の発生点が不明の場合には**両者負担**で処理する

[3] 仕損品に評価額がある場合

✓ **完成品のみ負担の場合**

→月末仕掛品原価と完成品総合原価を計算したあと、完成品総合原価から仕損品評価額を控除する

✓ **両者負担の場合**

→当月投入原価（通常は原料費や材料費）から仕損品の評価額を控除したあと、月末仕掛品原価と完成品総合原価を計算する

工程別総合原価計算－Ⅰ

解答

仕掛品－第1工程　　　　(単位：円)

月初仕掛品原価：		完成品総合原価：	
甲　原　料　費	244,000	甲　原　料　費	(11,100,000)
加　　工　　費	120,000	加　　工　　費	(14,640,000)
小　　　　　計	364,000	小　　　　　計	(25,740,000)
当月製造費用：		月末仕掛品原価：	
甲　原　料　費	11,776,000	甲　原　料　費	(920,000)
加　　工　　費	15,004,000	加　　工　　費	(484,000)
小　　　　　計	26,780,000	小　　　　　計	(1,404,000)
	27,144,000		27,144,000

仕掛品－第2工程　　　　(単位：円)

月初仕掛品原価：		完成品総合原価：	
前　工　程　費	490,000	前　工　程　費	(24,510,000)
乙　原　料　費	0	乙　原　料　費	(8,550,000)
加　　工　　費	351,600	加　　工　　費	(19,665,000)
小　　　　　計	841,600	小　　　　　計	(52,725,000)
当月製造費用：		月末仕掛品原価：	
前　工　程　費	(25,740,000)	前　工　程　費	(1,720,000)
乙　原　料　費	9,150,000	乙　原　料　費	(600,000)
加　　工　　費	20,417,400	加　　工　　費	(1,104,000)
小　　　　　計	(55,307,400)	小　　　　　計	(3,424,000)
	(56,149,000)		(56,149,000)

解説

仕損の処理および材料の追加投入を含む工程別総合原価計算の問題です。

1 第1工程の計算

先入先出法によって、完成品総合原価等を計算します。なお、仕損の処理は完成品のみ負担なので、仕損品を含んだ数量で完成品総合原価を計算します。

(1) 甲原料費の計算〈先入先出法〉

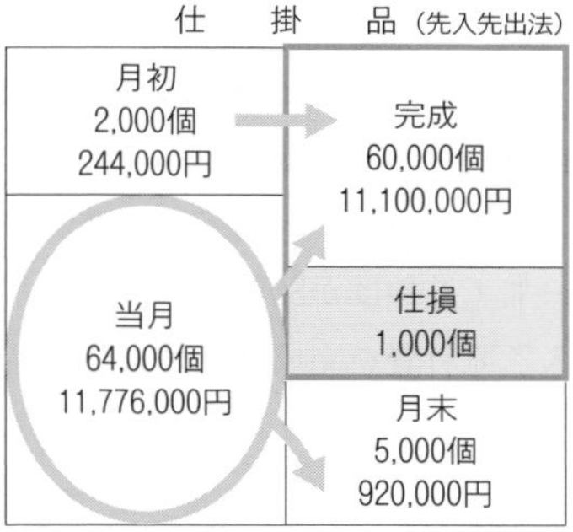

月末仕掛品：$\dfrac{11{,}776{,}000円}{64{,}000個} \times 5{,}000個 = 920{,}000円$

完　成　品：244,000円＋11,776,000円－920,000円＝11,100,000円

(2) 加工費の計算〈先入先出法〉

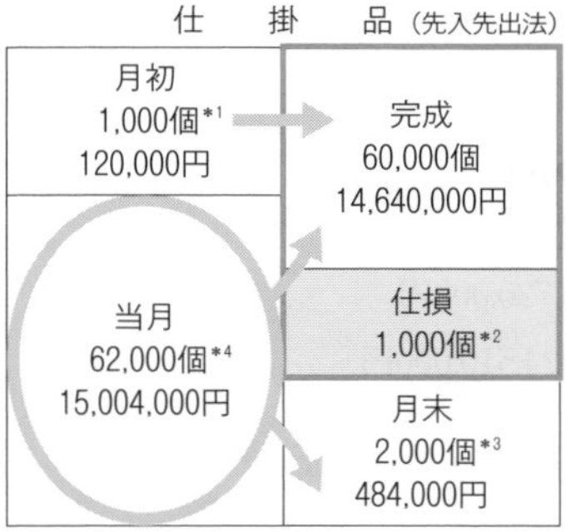

＊1　2,000個×50％＝1,000個

＊2　1,000個×100％＝1,000個

＊3　5,000個×40％＝2,000個

＊4　60,000個＋1,000個＋2,000個－1,000個＝62,000個

月末仕掛品：$\dfrac{15{,}004{,}000円}{62{,}000個} \times 2{,}000個 = 484{,}000円$

完　成　品：120,000円＋15,004,000円－484,000円＝14,640,000円

⑶　完成品総合原価等

月末仕掛品原価：920,000円＋484,000円＝1,404,000円

完成品総合原価：11,100,000円＋14,640,000円＝25,740,000円

2　第２工程の計算

平均法によって、完成品総合原価等を計算します。

工程別総合原価計算の場合、第１工程の完成品総合原価を第２工程に振り替え、第２工程ではこれを前工程費として、直接材料費（原料費）と同様に計算します。

また、乙原料は工程の60％の時点で投入しているので、加工進捗度が50％の月初仕掛品には乙原料は含まれていませんが、加工進捗度が80％の月末仕掛品には乙原料が含まれています。そのため、当月投入乙原料費を完成品と月末仕掛品で按分します。

⑴　前工程費の計算〈平均法〉

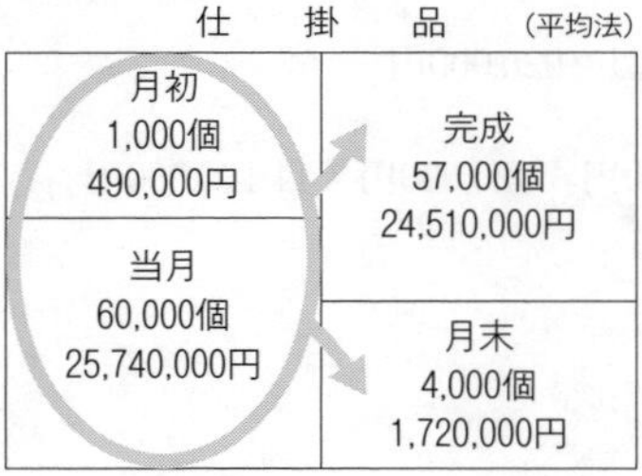

平 均 単 価：$\dfrac{490{,}000\text{円}+25{,}740{,}000\text{円}}{57{,}000\text{個}+4{,}000\text{個}}$＝@430円

月末仕掛品：@430円×4,000個＝1,720,000円

完　成　品：@430円×57,000個＝24,510,000円

(2) 乙原料費の計算〈平均法〉

仕　掛　品　(平均法)

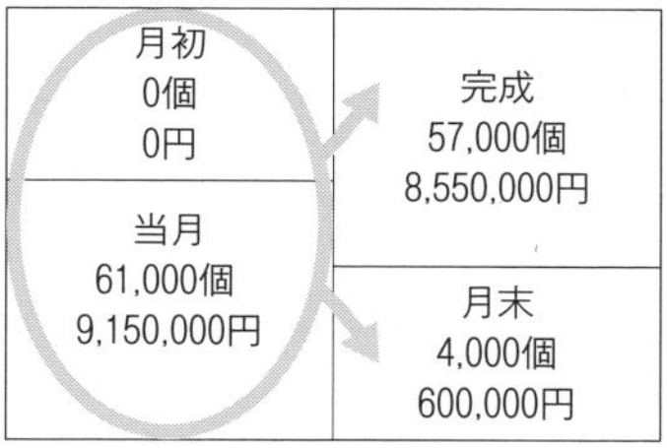

$$\text{平均単価：}\frac{0\text{円}+9{,}150{,}000\text{円}}{57{,}000\text{個}+4{,}000\text{個}}=@150\text{円}$$

月末仕掛品：@150円×4,000個＝600,000円

完　成　品：@150円×57,000個＝8,550,000円

(3) 加工費の計算〈平均法〉

仕　掛　品　(平均法)

＊1　1,000個×50％＝500個

＊2　4,000個×80％＝3,200個

＊3　57,000個＋3,200個－500個
＝59,700個

$$\text{平均単価：}\frac{351{,}600\text{円}+20{,}417{,}400\text{円}}{57{,}000\text{個}+3{,}200\text{個}}=@345\text{円}$$

月末仕掛品：@345円×3,200個＝1,104,000円

完　成　品：@345円×57,000個＝19,665,000円

(4) 完成品総合原価等

月末仕掛品原価：1,720,000円＋600,000円＋1,104,000円＝3,424,000円

完成品総合原価：24,510,000円＋8,550,000円＋19,665,000円
＝52,725,000円

工程別総合原価計算のポイント

✓ 第１工程の完成品総合原価は第２工程では当月投入の前工程費として、材料費と同様に計算する

材料の追加投入のポイント

[1] 工程の終点で投入された材料費

→すべて完成品総合原価として計算する

[2] 工程の途中で投入された材料費

✓ **材料の投入時点 < 月末仕掛品の加工進捗度の場合**

→完成品と月末仕掛品で按分する

✓ **月末仕掛品の加工進捗度 < 材料の投入時点の場合**

→すべて完成品総合原価として計算する

[3] 工程を通じて平均的に投入された材料費

→加工費の計算と同様に、加工進捗度を加味した完成品換算量を用いて計算する

第４問対策－⑯／20問　工程別総合原価計算－Ⅱ

解答

工程別総合原価計算表　（単位：円）

	第１工程		第２工程	
	材料費	加工費	前工程費	加工費
月初仕掛品	570,000	159,000	2,319,000	132,000
当月投入	9,510,000	5,376,000	15,000,000	4,908,000
合　計	10,080,000	5,535,000	17,319,000	5,040,000
月末仕掛品	480,000	135,000	2,259,000	540,000
完成品	9,600,000	5,400,000	15,060,000	4,500,000

解説

減損の処理を含む工程別総合原価計算の問題です。

1 当月投入加工費の計算

(1) 第1工程の当月投入加工費の計算

①予定配賦率：63,360,000円÷26,400時間＝@2,400円

②予定配賦額：@2,400円×2,240時間＝5,376,000円

(2) 第2工程の当月投入加工費の計算

①予定配賦率：53,006,400円÷21,600時間＝@2,454円

②予定配賦額：@2,454円×2,000時間＝4,908,000円

2 第1工程の計算

平均法によって、完成品総合原価等を計算します。

(1) 材料費の計算〈平均法〉

平均単価：$\dfrac{570{,}000\text{円}+9{,}510{,}000\text{円}}{20{,}000\text{kg}+1{,}000\text{kg}}=@480\text{円}$

月末仕掛品：@480円×1,000kg＝480,000円

完　成　品：@480円×20,000kg＝9,600,000円

⑵ **加工費の計算〈平均法〉**

仕　掛　品　(平均法)

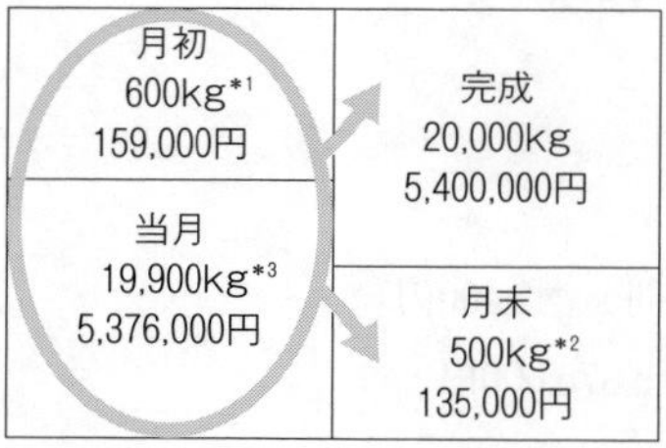

＊1　1,200kg × $\frac{1}{2}$ = 600kg

＊2　1,000kg × $\frac{1}{2}$ = 500kg

＊3　20,000kg + 500kg − 600kg = 19,900kg

平 均 単 価：$\dfrac{159{,}000円 + 5{,}376{,}000円}{20{,}000\text{kg} + 500\text{kg}}$ = @270円

月末仕掛品：@270円 × 500kg = 135,000円

完　成　品：@270円 × 20,000kg = 5,400,000円

⑶ **完成品総合原価**

第1工程完成品総合原価：9,600,000円 + 5,400,000円 = 15,000,000円

→第2工程当月投入前工程費

3 第2工程の計算

平均法によって、完成品総合原価等を計算します。なお、減損の処理は完成品のみ負担なので、減損量を含んだ数量で完成品総合原価を計算します。

⑴ **前工程費の計算〈平均法〉**

仕　掛　品　(平均法)

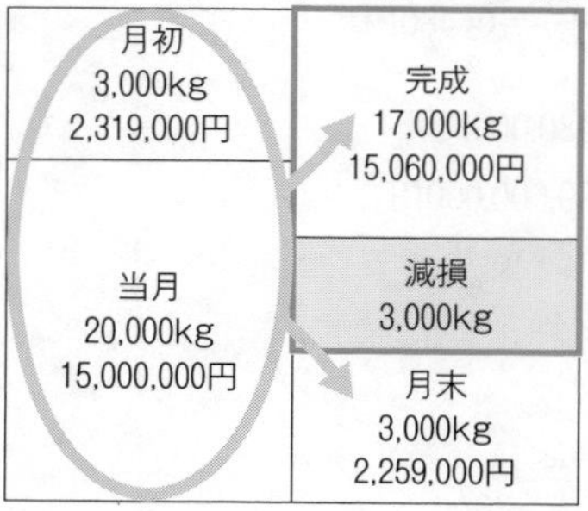

平均単価：$\dfrac{2{,}319{,}000円 + 15{,}000{,}000円}{(17{,}000\text{kg} + 3{,}000\text{kg}) + 3{,}000\text{kg}} = @753円$

月末仕掛品：@753円×3,000kg＝2,259,000円

完　成　品：@753円×（17,000kg＋3,000kg）＝15,060,000円

(2) 加工費の計算〈平均法〉

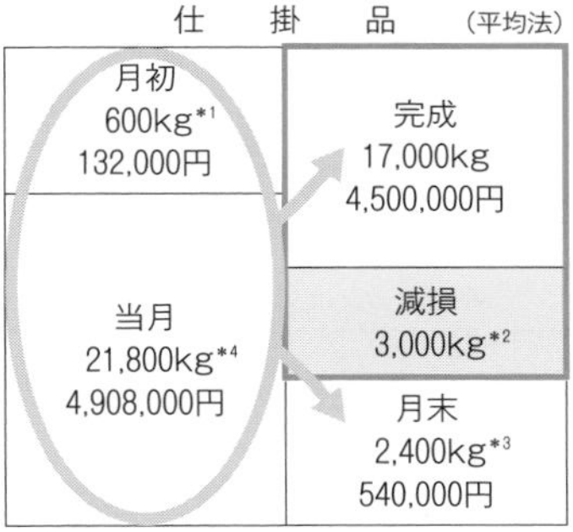

＊1　$3{,}000\text{kg} \times \dfrac{1}{5} = 600\text{kg}$

＊2　$3{,}000\text{kg} \times 1 = 3{,}000\text{kg}$

＊3　$3{,}000\text{kg} \times \dfrac{4}{5} = 2{,}400\text{kg}$

＊4　17,000kg＋3,000kg＋2,400kg－600kg＝21,800kg

平均単価：$\dfrac{132{,}000円 + 4{,}908{,}000円}{(17{,}000\text{kg} + 3{,}000\text{kg}) + 2{,}400\text{kg}} = @225円$

月末仕掛品：@225円×2,400kg＝540,000円

完　成　品：@225円×（17,000kg＋3,000kg）＝4,500,000円

組別総合原価計算

解答

①	製造間接費予定配賦率	2,100 円/時間
②	組製品Xに対する製造間接費予定配賦額	3,780,000 円
③	組製品Yに対する製造間接費予定配賦額	4,517,100 円
④	組製品Xの月末仕掛品原価	1,237,500 円
⑤	組製品Xの完成品総合原価	12,087,000 円
⑥	組製品Yの月末仕掛品原価	2,927,670 円
⑦	組製品Yの完成品単位原価	3,000 円/個

解説

仕損の処理を含む組別総合原価計算の問題です。

組別総合原価計算は、組間接費を各組製品に配賦したあと、各組製品の完成品総合原価等を計算します。

1 当月投入製造間接費の計算

(1) **予定配賦率**

100,800,000円÷48,000時間＝@2,100円…解答①

(2) **予定配賦額**

①組製品X：@2,100円×1,800時間＝3,780,000円…解答②

②組製品Y：@2,100円×2,151時間＝4,517,100円…解答③

2 組製品Xの計算

仕損の発生点（加工進捗度30%）が月末仕掛品の加工進捗度（50%）よりも前なので、正常仕損費は両者負担で計算します。

(1) 直接材料費の計算〈平均法〉

仕　掛　品　（平均法）

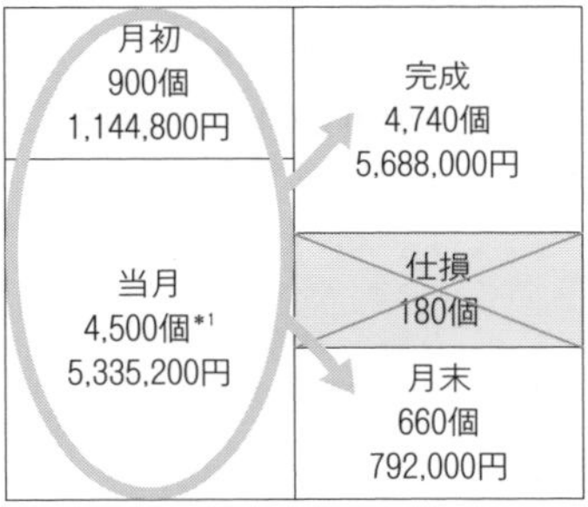

＊1　4,740個＋660個－900個＝4,500個

$$平均単価：\frac{1,144,800円+5,335,200円}{4,740個+660個}=@1,200円$$

月末仕掛品：@1,200円×660個＝792,000円

完　成　品：@1,200円×4,740個＝5,688,000円

(2) 加工費の計算〈平均法〉

直接労務費と製造間接費は加工費です。

月初仕掛品加工費：390,900円＋504,000円＝894,900円

当月投入加工費：2,169,600円＋3,780,000円＝5,949,600円

仕　掛　品　（平均法）

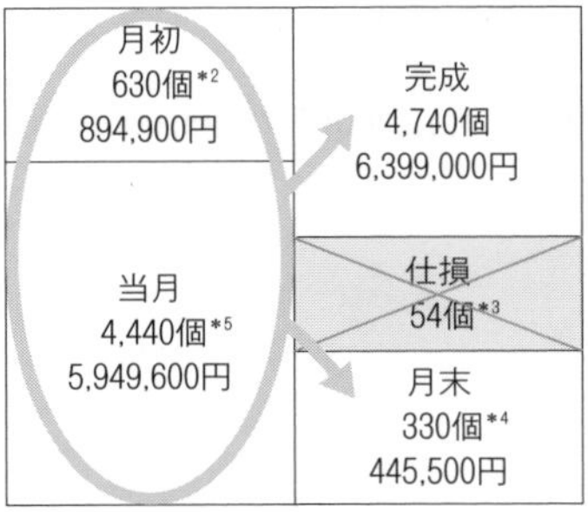

＊2　900個×70%＝630個

＊3　180個×30%＝54個

＊4　660個×50%＝330個

＊5　4,740個＋330個－630個＝4,440個

$$\text{平均単価：}\frac{894{,}900\text{円}+5{,}949{,}600\text{円}}{4{,}740\text{個}+330\text{個}}=@1{,}350\text{円}$$

月末仕掛品：@1,350円×330個＝445,500円

完　成　品：@1,350円×4,740個＝6,399,000円

(3)　完成品総合原価等

月末仕掛品原価：792,000円＋445,500円＝1,237,500円…解答④

完成品総合原価：5,688,000円＋6,399,000円＝12,087,000円…解答⑤

完成品単位原価：12,087,000円÷4,740個＝@2,550円

3　組製品Ｙの計算

仕損の発生点（加工進捗度100%）が月末仕掛品の加工進捗度（50%）よりも後なので、正常仕損費は完成品のみ負担で計算します。

(1)　直接材料費の計算〈先入先出法〉

仕　掛　品（先入先出法）

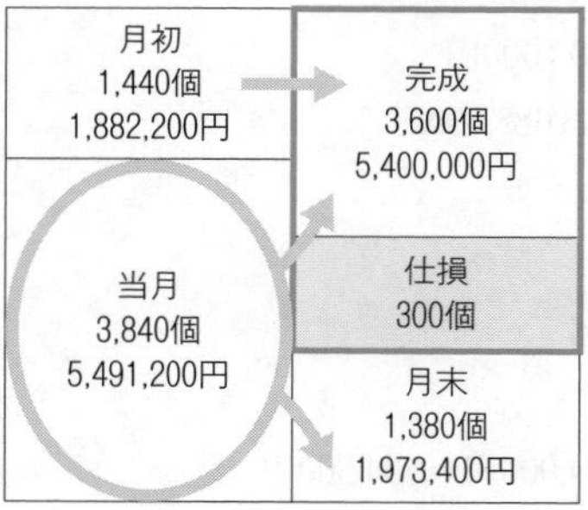

$$\text{月末仕掛品：}\frac{5{,}491{,}200\text{円}}{3{,}840\text{個}}\times 1{,}380\text{個}=1{,}973{,}400\text{円}$$

完　成　品：1,882,200円＋5,491,200円－1,973,400円＝5,400,000円

(2) 加工費の計算〈先入先出法〉

月初仕掛品加工費：96,444円＋308,160円＝404,604円

当月投入加工費：1,432,566円＋4,517,100円＝5,949,666円

仕　掛　品（先入先出法）

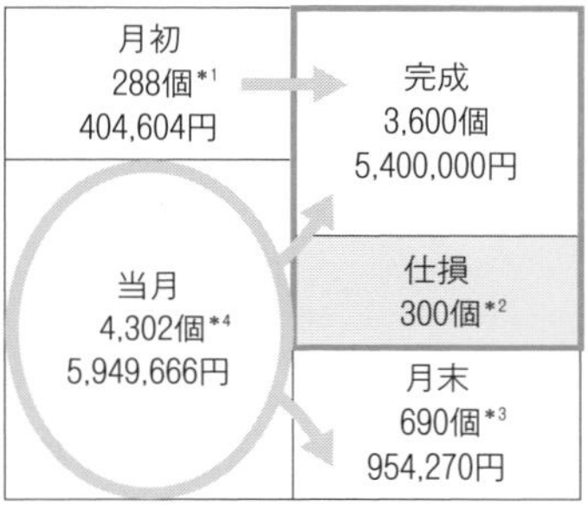

＊1　1,440個×20％＝288個
＊2　300個×100％＝300個
＊3　1,380個×50％＝690個
＊4　3,600個＋300個＋690個
　　－288個＝4,302個

月末仕掛品：$\frac{5,949,666円}{4,302個}$×690個＝954,270円

完　成　品：404,604円＋5,949,666円－954,270円＝5,400,000円

(3) 完成品総合原価等

月末仕掛品原価：1,973,400円＋954,270円＝2,927,670円…解答⑥

完成品総合原価：5,400,000円＋5,400,000円＝10,800,000円

完成品単位原価：10,800,000円÷3,600個＝@3,000円…解答⑦

組別総合原価計算のポイント

✓ 組直接費（直接材料費、直接労務費）は各組製品に賦課し、組間接費（製造間接費）は各組製品に配賦する

✓ 組間接費を各組製品に配賦したあと、製品ごとに総合原価計算を行う

第4問対策－⑱／20問　等級別総合原価計算

解答

① 月末仕掛品原価	7,740,000 円
② 製品Xの完成品総合原価	16,200,000 円
③ 製品Xの完成品単位原価	720 円/個
④ 製品Yの完成品総合原価	18,000,000 円
⑤ 製品Yの完成品単位原価	1,440 円/個
⑥ 製品Zの完成品総合原価	17,280,000 円
⑦ 製品Zの完成品単位原価	1,728 円/個

解説

等級別総合原価計算の問題です。

等級別総合原価計算では、各等級製品の完成品総合原価をまとめて計算したあと、積数（各等級製品の数量×等価係数）を使って完成品総合原価を各等級製品に配分します。

1 完成品総合原価等の計算

(1) 直接材料費の計算〈平均法〉

仕　掛　品　（平均法）

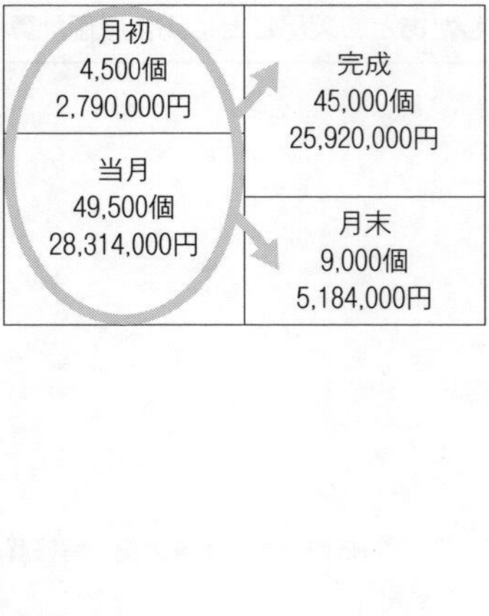

平 均 単 価：$\dfrac{2{,}790{,}000円 + 28{,}314{,}000円}{45{,}000個 + 9{,}000個}$ ＝@576円

月末仕掛品：@576円×9,000個＝5,184,000円

完　成　品：@576円×45,000個＝25,920,000円

(2) 加工費の計算〈平均法〉

仕　掛　品　（平均法）

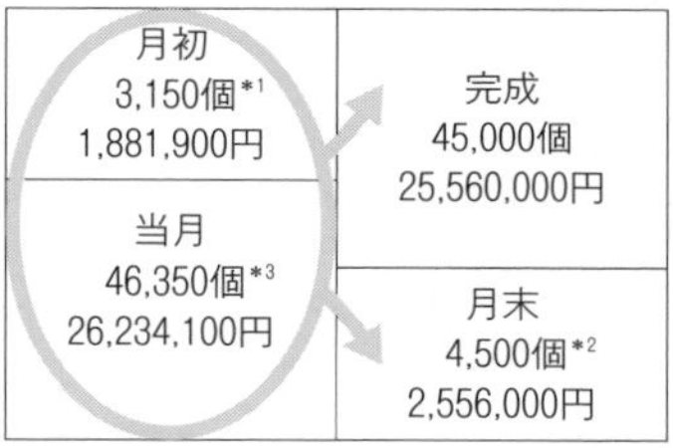

＊1　4,500個×70％＝3,150個

＊2　9,000個×50％＝4,500個

＊3　45,000個＋4,500個－3,150個
＝46,350個

平 均 単 価：$\dfrac{1{,}881{,}900円 + 26{,}234{,}100円}{45{,}000個 + 4{,}500個}$ ＝@568円

月末仕掛品：@568円×4,500個＝2,556,000円

完　成　品：@568円×45,000個＝25,560,000円

(3) 完成品総合原価等

月末仕掛品原価：5,184,000円＋2,556,000円＝7,740,000円…解答①

完成品総合原価：25,920,000円＋25,560,000円＝51,480,000円

2 各等級製品の完成品総合原価の計算

(1) 各等級製品の積数の計算

製品X：22,500個×0.5＝11,250

製品Y：12,500個× 1 ＝12,500

製品Z：10,000個×1.2＝12,000

(2) 各等級製品の完成品総合原価の計算

製品X：$51,480,000円 \times \dfrac{11,250}{11,250+12,500+12,000}=16,200,000円$…解答②

製品Y：$51,480,000円 \times \dfrac{12,500}{11,250+12,500+12,000}=18,000,000円$…解答④

製品Z：$51,480,000円 \times \dfrac{12,000}{11,250+12,500+12,000}=17,280,000円$…解答⑥

(3) 各等級製品の完成品単位原価の計算

製品X：16,200,000円÷22,500個＝@ 720円…解答③

製品Y：18,000,000円÷12,500個＝@1,440円…解答⑤

製品Z：17,280,000円÷10,000個＝@1,728円…解答⑦

等級別総合原価計算のポイント

✓ 各等級製品の完成品総合原価をまとめて計算したあと、各等級製品に原価を配分する

第4問対策－⑲／20問　標準原価計算（勘定記入）

解答

問１　パーシャル・プランによる勘定記入

仕　掛　品　（単位：円）

月初有高	（ 11,200,000）	完成品	（ 59,800,000）
直接材料費	（ 12,546,000）	月末有高	（ 7,760,000）
直接労務費	（ 21,500,000）	直接材料費差異	（ 1,546,000）
製造間接費	（ 28,450,000）	直接労務費差異	（ 1,340,000）
直接材料費差異	（ — ）	製造間接費差異	（ 3,250,000）
直接労務費差異	（ — ）		
製造間接費差異	（ — ）		
	（ 73,696,000）		（ 73,696,000）

製　品　（単位：円）

月初有高	（ 6,900,000）	売上原価	（ 55,200,000）
当月完成	（ 59,800,000）	月末有高	（ 11,500,000）
	（ 66,700,000）		（ 66,700,000）

問２　シングル・プランによる勘定記入

仕　掛　品　（単位：円）

月初有高	（ 11,200,000）	完成品	（ 59,800,000）
直接材料費	（ 11,000,000）	月末有高	（ 7,760,000）
直接労務費	（ 20,160,000）	直接材料費差異	（ — ）
製造間接費	（ 25,200,000）	直接労務費差異	（ — ）
直接材料費差異	（ — ）	製造間接費差異	（ — ）
直接労務費差異	（ — ）		
製造間接費差異	（ — ）		
	（ 67,560,000）		（ 67,560,000）

製　　品　　　　　　（単位：円）

月　初　有　高	（　6,900,000）	売　上　原　価	（　55,200,000）
当　月　完　成	（　59,800,000）	月　末　有　高	（　11,500,000）
	（　66,700,000）		（　66,700,000）

解説

標準原価計算の勘定記入の問題です。

パーシャル・プランの場合、仕掛品勘定の月初仕掛品原価、完成品原価、月末仕掛品原価は標準原価で記入し、当月製造費用は実際原価で記入します。したがって、原価差異は仕掛品勘定で把握されます。

シングル・プランの場合、仕掛品勘定にはすべて標準原価で記入します。したがって、原価差異は仕掛品勘定では把握されません（各原価要素別の勘定で把握されます）。

問1　パーシャル・プランによる勘定記入

1　仕掛品勘定の記入

(1)　生産データの整理

直接材料費

仕　掛　品

月初 400個	完成 1,300個
当月 1,100個	月末 200個

加工費（直接労務費＋製造間接費）

仕　掛　品

月初 200個[*1]	完成 1,300個
当月 1,260個[*3]	月末 160個[*2]

＊1　400個×50％＝200個

＊2　200個×80％＝160個

＊3　1,300個＋160個－200個＝1,260個

(2) 月初有高〈標準原価〉

直接材料費：@10,000円×400個＝ 4,000,000円

直接労務費：@16,000円×200個＝ 3,200,000円

製造間接費：@20,000円×200個＝ 4,000,000円

合　計　： 11,200,000円

(3) 当月製造費用〈実際原価〉

パーシャル・プランでは、当月製造費用は実際原価で記入します。

直接材料費：12,546,000円

直接労務費：21,500,000円

製造間接費：28,450,000円

(4) 完成品原価〈標準原価〉

（@10,000円＋@16,000円＋@20,000円）×1,300個＝59,800,000円

(5) 月末有高〈標準原価〉

直接材料費：@10,000円×200個＝2,000,000円

直接労務費：@16,000円×160個＝2,560,000円

製造間接費：@20,000円×160個＝3,200,000円

合　計　： 7,760,000円

(6) 原価差異

標準原価から実際原価を差し引いた値がプラスなら有利差異（貸方差異）、マイナスなら不利差異（借方差異）となります。

① 当月標準製造原価

直接材料費：@10,000円×1,100個＝11,000,000円

直接労務費：@16,000円×1,260個＝20,160,000円

製造間接費：@20,000円×1,260個＝25,200,000円

② 原価差異

直接材料費差異：11,000,000円－12,546,000円＝△1,546,000円

（不利差異・借方差異*）

* 直接材料費差異勘定の借方に記入される差異のため、仕掛品勘定では貸方に記入されます。

直接労務費差異：20,160,000円－21,500,000円＝△1,340,000円

（不利差異・借方差異*）

* 直接労務費差異勘定の借方に記入される差異のため、仕掛品勘定では貸方に記入されます。

製造間接費差異：25,200,000円－28,450,000円＝△3,250,000円

（不利差異・借方差異*）

* 製造間接費差異勘定の借方に記入される差異のため、仕掛品勘定では貸方に記入されます。

2 製品勘定の記入

⑴ 販売データの整理

製　　品

⑵ 月初有高〈標準原価〉

（@10,000円＋@16,000円＋@20,000円）×150個＝6,900,000円

⑶ 当月完成品原価〈標準原価〉

（@10,000円＋@16,000円＋@20,000円）×1,300個＝59,800,000円

⑷ 売上原価〈標準原価〉

（@10,000円＋@16,000円＋@20,000円）×1,200個＝55,200,000円

(5) **月末有高〈標準原価〉**

(@10,000円＋@16,000円＋@20,000円)×250個＝11,500,000円

問2 シングル・プランによる勘定記入

1 仕掛品勘定の記入

(1) **生産データの整理**

生産データはパーシャル・プラン 問1 と同じです。

直接材料費

仕　掛　品

月初 400個	完成 1,300個
当月 1,100個	月末 200個

加工費（直接労務費＋製造間接費）

仕　掛　品

月初 200個	完成 1,300個
当月 1,260個	月末 160個

(2) **月初有高〈標準原価〉**

直接材料費：@10,000円×400個＝　4,000,000円

直接労務費：@16,000円×200個＝　3,200,000円

製造間接費：@20,000円×200個＝　4,000,000円

合　計　：　11,200,000円

(3) **当月製造費用〈標準原価〉**

シングル・プランでは、当月製造費用も標準原価で記入します。

直接材料費：@10,000円×1,100個＝11,000,000円

直接労務費：@16,000円×1,260個＝20,160,000円

製造間接費：@20,000円×1,260個＝25,200,000円

合　計　：　56,360,000円

(4) **完成品原価〈標準原価〉**

(@10,000円＋@16,000円＋@20,000円)×1,300個＝59,800,000円

(5) **月末有高〈標準原価〉**

直接材料費：@10,000円×200個＝2,000,000円

直接労務費：@16,000円×160個＝2,560,000円

製造間接費：@20,000円×160個＝3,200,000円

合　計　：　7,760,000円

(6) **原価差異**

シングル・プランでは、原価差異は各原価要素別の勘定で把握されるので、仕掛品勘定では把握されません。

2 製品勘定の記入

製品勘定の記入はパーシャル・プラン 問1 と同じです。

標準原価計算の勘定記入のポイント

- ✓ **パーシャル・プラン**…仕掛品勘定の当月製造費用を**実際原価**で記入する方法
- ✓ **シングル・プラン**…仕掛品勘定の当月製造費用を**標準原価**で記入する方法

差異の判定のポイント

- ✓ 標準原価 － 実際原価 ＝ プラスの値 → 有利差異（貸方差異）
- ✓ 標準原価 － 実際原価 ＝ マイナスの値 → 不利差異（借方差異）

第4問対策－⑳／20問　標準原価計算（勘定記入、損益計算書）

解答

仕　掛　品

月初有高	（126,000）	完成高	（800,000）
直接材料費	（476,000）	月末有高	（80,000）
加工費	（312,000）	標準原価差異	（34,000）
	（914,000）		（914,000）

月次損益計算書（一部）　　（単位：円）

Ⅰ　売上高		（2,600,000）
Ⅱ　売上原価		
月初製品棚卸高	（50,000）	
当月製品製造原価	（800,000）	
合計	（850,000）	
月末製品棚卸高	（200,000）	
差引	（650,000）	
標準原価差異	（34,000）	（684,000）
売上総利益		（1,916,000）
Ⅲ　販売費及び一般管理費		（1,410,000）
営業利益		（506,000）

解説

1 仕掛品勘定の記入

(1) 生産データの整理

直接材料費

仕　掛　品

月初 300個	完成 1,600個
当月着手 1,500個	月末 200個

加　工　費

仕　掛　品

月初 180個＊1	完成 1,600個
当月着手 1,520個＊3	月末 100個＊2

＊1　300個×60％＝180個

＊2　200個×50％＝100個

＊3　1,600個＋100個－180個＝1,520個

(2) 月初有高〈標準原価〉

直接材料費：@300円×300個＝　90,000円

加　工　費：@200円×180個＝　36,000円

合　計　：　126,000円

(3) 当月製造費用〈実際原価〉

パーシャル・プランでは、当月製造費用は実際原価で記入します。

直接材料費：476,000円

加　工　費：312,000円

(4) 完成品原価〈標準原価〉

（@300円＋@200円）×1,600個＝800,000円

(5) 月末有高〈標準原価〉

直接材料費：@300円×200個＝60,000円

加　工　費：@200円×100個＝20,000円

合　計　：　80,000円

(6) 標準原価差異

仕掛品勘定の貸借差額で標準原価差異を計算します。

2 月次損益計算書の記入

(1) 販売データの整理

製	品
月初 100個	販売 1,300個
完成 1,600個	月末 400個

(2) 売上高

@2,000円×1,300個＝2,600,000円

(3) 月初製品棚卸高〈標準原価〉

(@300円＋@200円)×100個＝50,000円

(4) 当月製品製造原価〈標準原価〉

(@300円＋@200円)×1,600個＝800,000円

(5) 月末製品棚卸高〈標準原価〉

(@300円＋@200円)×400個＝200,000円

(6) 標準原価差異

当月着手分（仕掛品ボックスより）の標準原価を計算すると次のようになります。

直接材料費：@300円×1,500個＝450,000円

加　工　費：@200円×1,520個＝304,000円

合　計　：　754,000円

したがって、標準原価差異は借方差異（不利差異）なので、標準原価差異は売上

原価に加算します。

標準原価差異：754,000円－(476,000円＋312,000円)＝△34,000円
実際原価

(7) 販売費及び一般管理費

680,000円＋300,000円＋180,000円＋250,000円＝1,410,000円

第5問対策

第5問対策－❶／8問　標準原価計算（差異分析）－Ⅰ

解答

問1	製　　品　　A	24,000	円/個		
	製　　品　　B	32,000	円/個		
問2	総　　差　　異	106,000	円	（**借方**・貸方）	差異
	価　格　差　異	6,000	円	（**借方**・貸方）	差異
	数　量　差　異	100,000	円	（**借方**・貸方）	差異
問3	総　　差　　異	89,600	円	（**借方**・貸方）	差異
	賃　率　差　異	70,400	円	（借方・**貸方**）	差異
	時　間　差　異	160,000	円	（**借方**・貸方）	差異
問4	総　　差　　異	1,845,000	円	（**借方**・貸方）	差異
	予　算　差　異	605,000	円	（**借方**・貸方）	差異
	操 業 度 差 異	960,000	円	（**借方**・貸方）	差異
	能　率　差　異	280,000	円	（**借方**・貸方）	差異

解説

標準原価計算の差異分析の問題です。

差異分析をするときは、必ず標準のデータから実際のデータを差し引くようにしましょう。標準のデータから実際のデータを差し引いた値がプラスになったら有利差異（貸方差異）、マイナスになったら不利差異（借方差異）と判断します。

問1　原価標準の計算

製造間接費の標準配賦率が不明なため、これを計算してから各製品の原価標準を計算します。

(1)　製造間接費の標準配賦率

168,000,000円÷48,000時間＝@3,500円

(2) **原価標準（単位あたりの標準原価）**

① 製品A

直接材料費	：@1,500円×5kg	= 7,500円
直接労務費	：@2,000円×3時間	= 6,000円
製造間接費	：@3,500円×3時間	= 10,500円
原価標準	：	24,000円

② 製品B

直接材料費	：@1,000円×10kg	= 10,000円
直接労務費	：@2,000円×4時間	= 8,000円
製造間接費	：@3,500円×4時間	= 14,000円
原価標準	：	32,000円

問2 直接材料費差異

(1) **製品A**

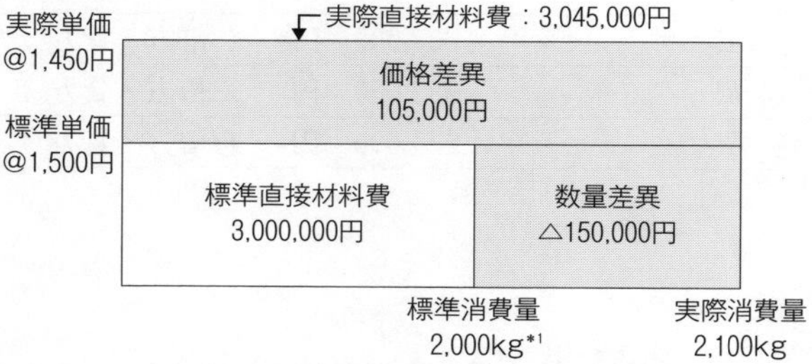

＊1 標準消費量：5kg×400個＝2,000kg

標準直接材料費：@1,500円×2,000kg＝3,000,000円

実際直接材料費：@1,450円×2,100kg＝3,045,000円

総　差　異：3,000,000円－3,045,000円＝△45,000円

価格差異；（@1,500円－@1,450円）×2,100kg＝105,000円

数量差異；@1,500円×（2,000kg－2,100kg）＝△150,000円

(2) 製品B

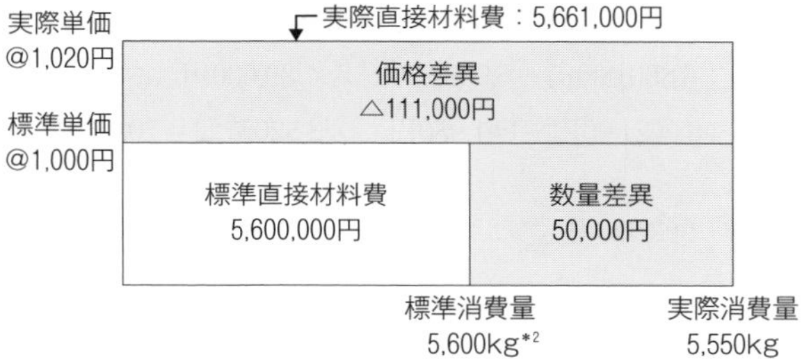

＊2　標準消費量：10kg×560個＝5,600kg

標準直接材料費：@1,000円×5,600kg＝5,600,000円

実際直接材料費：@1,020円×5,550kg＝5,661,000円

総　　差　　異：5,600,000円－5,661,000円＝△61,000円

価 格 差 異；(@1,000円－@1,020円) ×5,550kg＝△111,000円

数 量 差 異；@1,000円× (5,600kg－5,550kg) ＝50,000円

(3) 合計

総　　差　　異：△45,000円＋△61,000円＝△106,000円（不利差異・借方差異）

価 格 差 異；105,000円＋△111,000円＝△6,000円（不利差異・借方差異）

数 量 差 異；△150,000円＋50,000円＝△100,000円（不利差異・借方差異）

問3 直接労務費差異

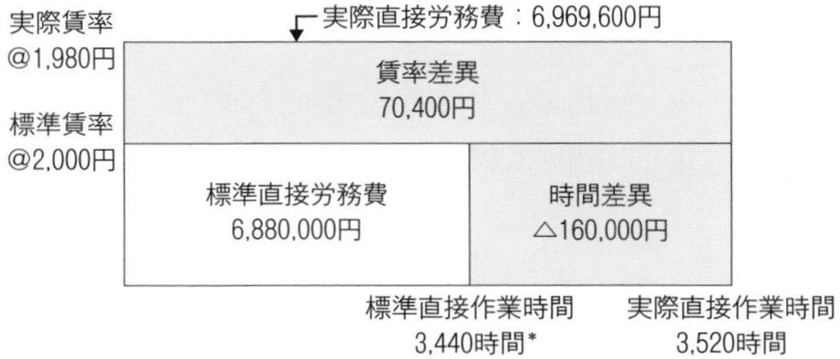

＊　標準直接作業時間：3時間×400個＋4時間×560個＝3,440時間

（3時間×400個：製品A　4時間×560個：製品B）

標準直接労務費：@2,000円×3,440時間＝6,880,000円

実際直接労務費：@1,980円×3,520時間＝6,969,600円

総　　差　　異：6,880,000円－6,969,600円＝△89,600円（不利差異・借方差異）

賃 率 差 異；（@2,000円－@1,980円）×3,520時間＝70,400円

（有利差異・貸方差異）

時 間 差 異；@2,000円×（3,440時間－3,520時間）＝△160,000円

（不利差異・借方差異）

問4　製造間接費差異

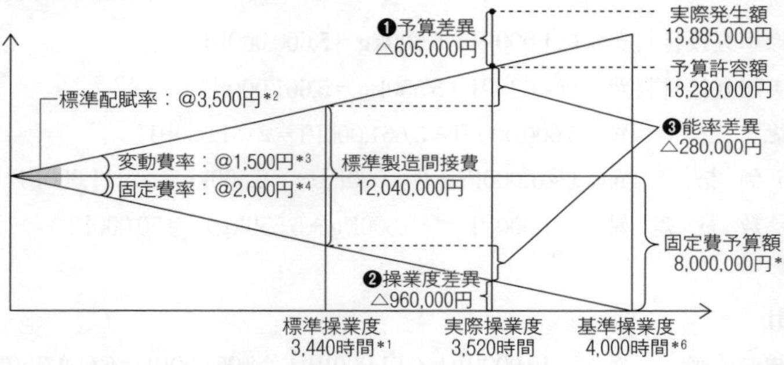

＊1　標準操業度（標準直接作業時間）：3時間×400個＋4時間×560個＝3,440時間
　　　　　　　　　　　　　　　　　　　製品A　　　　製品B

＊2　標準配賦率：168,000,000円÷48,000時間＝@3,500円

＊3　変 動 費 率：72,000,000円÷48,000時間＝@1,500円

＊4　固 定 費 率：96,000,000円÷48,000時間＝@2,000円

＊5　固定費予算額（月間）：96,000,000円÷12か月＝8,000,000円

＊6　基準操業度（月間）：48,000時間÷12か月＝4,000時間

標準製造間接費：@3,500円×3,440時間＝12,040,000円

予 算 許 容 額：@1,500円×3,520時間＋8,000,000円＝13,280,000円

総　差　異：12,040,000円－13,885,000円＝△1,845,000円
標準製造間接費　実際発生額
（不利差異・借方差異）

❶予 算 差 異；13,280,000円－13,885,000円＝△605,000円
予算許容額　実際発生額
（不利差異・借方差異）

❷操業度差異；@2,000円×（3,520時間－4,000時間）＝△960,000円
固定費率　実際操業度　基準操業度
（不利差異・借方差異）

❸能 率 差 異；@3,500円×（3,440時間－3,520時間）＝△280,000円
標準配賦率　標準操業度　実際操業度
（不利差異・借方差異）

標準原価計算の差異分析のポイント

［1］直接材料費差異

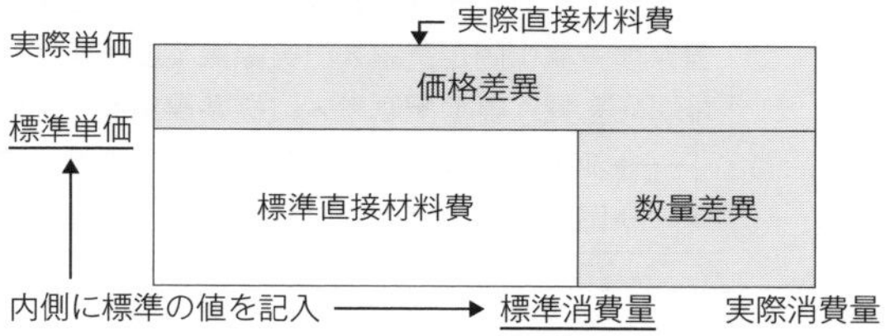

価格差異：（標準単価－実際単価）×実際消費量
数量差異：標準単価×（標準消費量－実際消費量）

［2］直接労務費差異

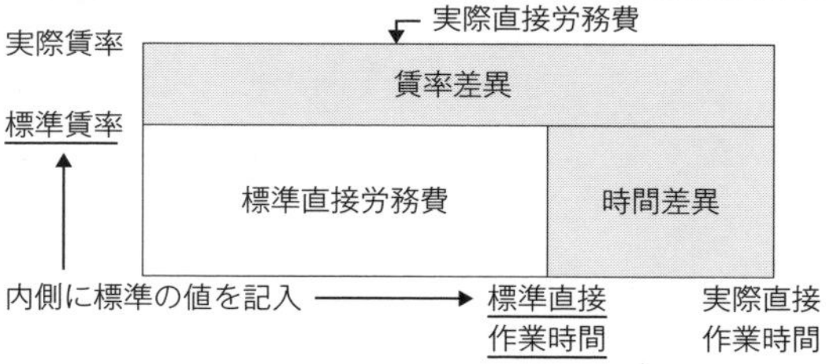

賃率差異：（標準賃率－実際賃率）×実際直接作業時間
時間差異：標準賃率×（標準直接作業時間－実際直接作業時間）

[3] 製造間接費差異（公式法変動予算）

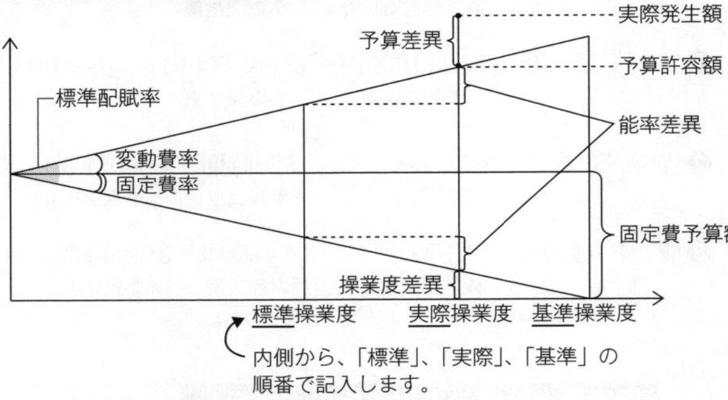

予 算 差 異：予算許容額－実際発生額

　→変動費率×実際操業度＋固定費予算額

操業度差異：固定費率×（実際操業度－基準操業度）

能 率 差 異：標準配賦率×（標準操業度－実際操業度）

　→変動費能率差異：変動費率×（標準操業度－実際操業度）

　→固定費能率差異：固定費率×（標準操業度－実際操業度）

第5問対策－❷／8問　標準原価計算（差異分析）－Ⅱ

解答

問1	製造間接費差異	60,000 円	（ **借方**・貸方 ） 差異
問2	予 算 差 異	300,000 円	（ 借方・**貸方** ） 差異
	操 業 度 差 異	135,000 円	（ **借方**・貸方 ） 差異
	能 率 差 異	225,000 円	（ **借方**・貸方 ） 差異
問3	予 算 差 異	217,500 円	（ 借方・**貸方** ） 差異
	操 業 度 差 異	52,500 円	（ **借方**・貸方 ） 差異
	能 率 差 異	225,000 円	（ **借方**・貸方 ） 差異

解説

固定予算を採用していた場合と公式法変動予算を採用していた場合の、製造間接費差異を分析する問題です。

問1　製造間接費差異

標 準 操 業 度：2時間×230個＝460時間

標 準 配 賦 率：54,000,000円÷6,000時間＝@9,000円

標準製造間接費：@9,000円×460時間＝4,140,000円

製造間接費差異：4,140,000円－4,200,000円＝△60,000円（不利差異・借方差異）

（4,140,000円：標準製造間接費　4,200,000円：実際発生額）

問2　固定予算による場合の製造間接費差異の分析

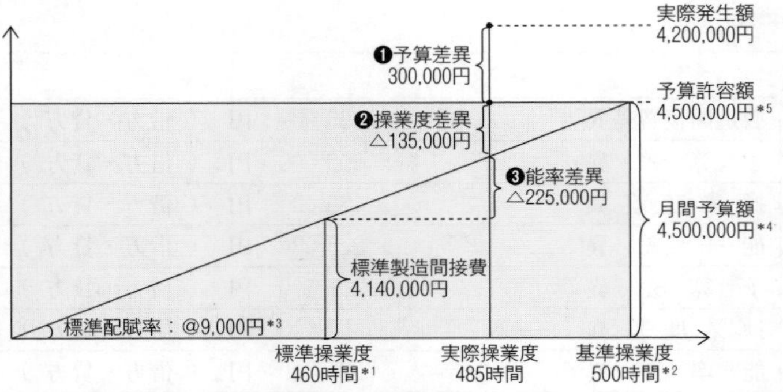

＊1　標準操業度（標準直接作業時間）：問1 より460時間

＊2　基準操業度（月間）：6,000時間÷12か月＝500時間

＊3　標 準 配 賦 率：問1 より@9,000円

＊4　予　算　額（月間）：54,000,000円÷12か月＝4,500,000円

＊5　予算許容額＝月間予算額（4,500,000円）

標準製造間接費：@9,000円×460時間＝4,140,000円

製造間接費差異：4,140,000円（標準製造間接費）－4,200,000円（実際発生額）＝△60,000円（不利差異・借方差異）

❶予 算 差 異；4,500,000円（予算許容額）－4,200,000円（実際発生額）＝300,000円（有利差異・貸方差異）

❷操 業 度 差 異；@9,000円（標準配賦率）×（485時間（実際操業度）－500時間（基準操業度））＝△135,000円（不利差異・借方差異）

❸能 率 差 異；@9,000円（標準配賦率）×（460時間（標準操業度）－485時間（実際操業度））＝△225,000円（不利差異・借方差異）

問3 公式法変動予算による場合の製造間接費差異の分析

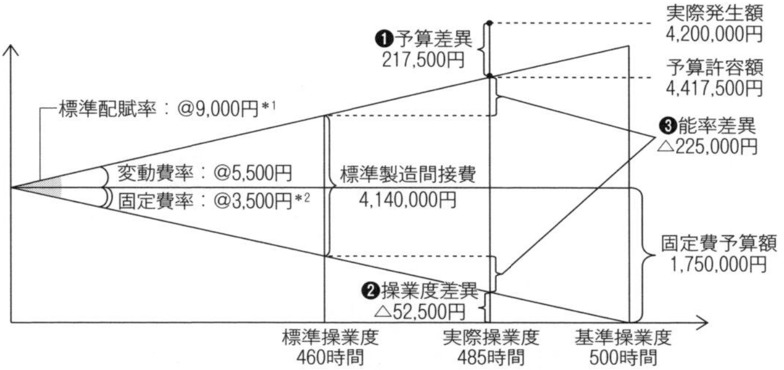

＊1　標準配賦率：問1 より@9,000円

＊2　固 定 費 率：@9,000円－@5,500円＝@3,500円

標準製造間接費：@9,000円×460時間＝4,140,000円

予 算 許 容 額：@5,500円×485時間＋1,750,000円＝4,417,500円

製造間接費差異：4,140,000円－4,200,000円＝△60,000円（不利差異・借方差異）
標準製造間接費　実際発生額

❶予　算　差　異；4,417,500円－4,200,000円＝217,500円（有利差異・貸方差異）
予算許容額　実際発生額

❷操 業 度 差 異；@3,500円×（485時間－500時間）＝△52,500円
固定費率　実際操業度　基準操業度
（不利差異・借方差異）

❸能　率　差　異；@9,000円×（460時間－485時間）＝△225,000円
標準配賦率　標準操業度　実際操業度
（不利差異・借方差異）

固定予算における製造間接費差異の分析のポイント

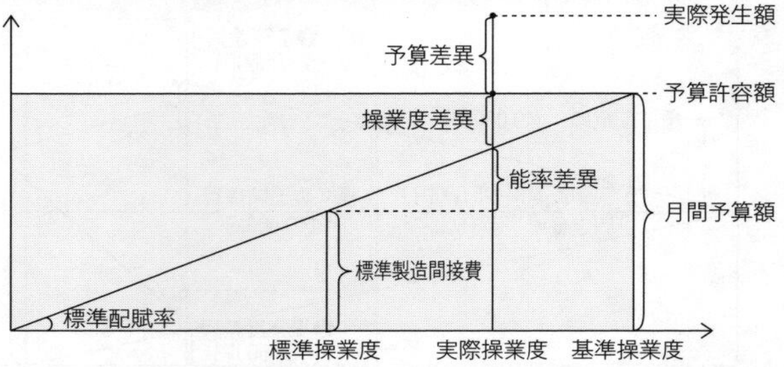

製造間接費差異：標準製造間接費－実際発生額

→予 算 差 異：予算許容額－実際発生額

　　→月間予算額

→操業度差異：標準配賦率×（実際操業度－基準操業度）

→能 率 差 異：標準配賦率×（標準操業度－実際操業度）

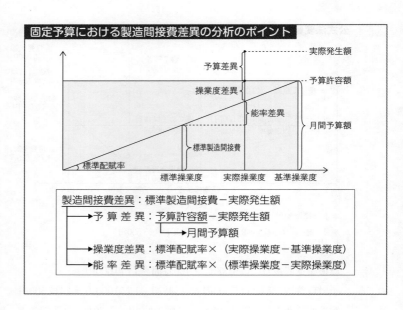

第5問対策－❸／8問　直接原価計算（財務諸表の作成）

解答

全部原価計算の損益計算書　（単位：円）

	第１期	第２期	第３期
売上高	(12,500,000)	(16,250,000)	(21,250,000)
売上原価	(9,000,000)	(9,100,000)	(10,880,000)
売上総利益	(3,500,000)	(7,150,000)	(10,370,000)
販売費・一般管理費	(1,500,000)	(1,650,000)	(1,850,000)
営業利益	(2,000,000)	(5,500,000)	(8,520,000)

直接原価計算の損益計算書　（単位：円）

	第１期	第２期	第３期
売上高	(12,500,000)	(16,250,000)	(21,250,000)
変動売上原価	(3,000,000)	(3,900,000)	(5,100,000)
変動製造マージン	(9,500,000)	(12,350,000)	(16,150,000)
変動販売費	(500,000)	(650,000)	(850,000)
貢献利益	(9,000,000)	(11,700,000)	(15,300,000)
固定費	(7,000,000)	(7,000,000)	(7,000,000)
営業利益	(2,000,000)	(4,700,000)	(8,300,000)

解説

全部原価計算の損益計算書と直接原価計算の損益計算書を作成する問題です。

1　全部原価計算の損益計算書

全部原価計算では、変動製造原価と固定製造原価の両方を製品原価として計算します。

(1) **第1期**

変動製造原価

製　　　品

期首 0個	販売 1,000個 3,000,000円
生産 1,000個	期末 0個

固定製造間接費

製　　　品

期首 0個 0円	販売 1,000個 6,000,000円
生産 1,000個 6,000,000円	期末 0個 0円

①売　　上　　高：@12,500円×1,000個＝12,500,000円

②売　上　原　価：

変動製造原価；@3,000円×1,000個＝3,000,000円

固定製造間接費；$\dfrac{0円+6,000,000円}{1,000個+0個}$×1,000個＝6,000,000円

合　計　；3,000,000円＋6,000,000円＝9,000,000円

③販売費・一般管理費：@500円×1,000個＋1,000,000円＝1,500,000円

(2) **第2期**

変動製造原価

製　　　品

期首 0個	販売 1,300個 3,900,000円
生産 1,500個	期末 200個

固定製造間接費

製　　　品

期首 0個 0円	販売 1,300個 5,200,000円
生産 1,500個 6,000,000円	期末 200個 800,000円

①売　　上　　高：@12,500円×1,300個＝16,250,000円

②売　上　原　価：

変動製造原価；@3,000円×1,300個＝3,900,000円

固定製造間接費；$\dfrac{0\text{円}+6{,}000{,}000\text{円}}{1{,}300\text{個}+200\text{個}}\times 1{,}300\text{個}=5{,}200{,}000\text{円}$

合　計　；3,900,000円＋5,200,000円＝9,100,000円

③販売費・一般管理費：@500円×1,300個＋1,000,000円＝1,650,000円

※　期末製品有高に含まれる固定製造間接費：

$$\frac{0\text{円}+6{,}000{,}000\text{円}}{1{,}300\text{個}+200\text{個}}\times 200\text{個}=800{,}000\text{円}$$

→第３期の期首製品有高に含まれる固定製造間接費

(3) 第３期

変動製造原価

製品

期首 200個	販売 1,700個 5,100,000円
生産 1,800個	期末 300個

固定製造間接費

製品

期首 200個 800,000円	販売 1,700個 5,780,000円
生産 1,800個 6,000,000円	期末 300個

①売　　上　　高：@12,500円×1,700個＝21,250,000円

②売　上　原　価：

変動製造原価；@3,000円×1,700個＝5,100,000円

固定製造間接費；$\dfrac{800{,}000\text{円}+6{,}000{,}000\text{円}}{1{,}700\text{個}+300\text{個}}\times 1{,}700\text{個}=5{,}780{,}000\text{円}$

合　計　；5,100,000円＋5,780,000円＝10,880,000円

③販売費・一般管理費：@500円×1,700個＋1,000,000円＝1,850,000円

2 直接原価計算の損益計算書

直接原価計算では、固定製造原価は製品原価としないで、当期発生額を当期の費用（固定費）として計上します。

(1) 第1期

変動製造原価

製　　品

①売　　上　　高：@12,500円×1,000個＝12,500,000円

②変動売上原価：@3,000円×1,000個＝3,000,000円

③変 動 販 売 費：@500円×1,000個＝500,000円

④固　　定　　費：6,000,000円＋1,000,000円＝7,000,000円

固定製造間接費　固定販売費・一般管理費

(2) 第2期

変動製造原価

製　　品

①売　　上　　高：@12,500円×1,300個＝16,250,000円

②変動売上原価：@3,000円×1,300個＝3,900,000円

③変 動 販 売 費：@500円×1,300個＝650,000円

④固　　定　　費：6,000,000円＋1,000,000円＝7,000,000円

固定製造間接費　固定販売費・一般管理費

(3) 第３期

変動製造原価

①売　　上　　高：@12,500円×1,700個＝21,250,000円

②変動売上原価：@3,000円×1,700個＝5,100,000円

③変 動 販 売 費：@500円×1,700個＝850,000円

④固　　定　　費：6,000,000円＋1,000,000円＝7,000,000円

固定製造間接費　固定販売費・一般管理費

直接原価計算のポイント

［1］直接原価計算の特徴

✓ 原価を変動費と固定費に分ける

✓ 製品原価は変動製造原価（直接材料費、直接労務費、変動製造間接費）のみで計算する

✓ 固定製造原価（固定製造間接費）については、発生した金額を全額、その期間の費用（固定費）として計上する

［2］全部原価計算の損益計算書

全部原価計算の損益計算書

Ⅰ	売　　上　　高	××
Ⅱ	売　上　原　価	××
	売 上 総 利 益	××
Ⅲ	販売費および一般管理費	××
	営　業　利　益	××

[3] 直接原価計算の損益計算書

直接原価計算の損益計算書

	Ⅰ 売上高		××
	Ⅱ 変動売上原価		××
変動費	変動製造マージン		××
	Ⅲ 変動販売費		××
	貢献利益		××
	Ⅳ 固定費		
固定費	固定製造原価	××	
	固定販売費および一般管理費	××	××
	営業利益		××

第5問対策－❹／8問　直接原価計算（CVP分析）－Ⅰ

解答

問1(1) 20,000,000 円

(2) 販売量 6,000 個　売上高 30,000,000 円

(3) 40 %

問2(1) 販売量 9,750 個　売上高 48,750,000 円

(2) 販売量 16,000 個　売上高 80,000,000 円

問3 20,000 個

解説

CVP分析の問題です。

CVP分析の問題を解くときは、下書用紙に簡単な直接原価計算の損益計算書を書いて計算するようにしましょう。

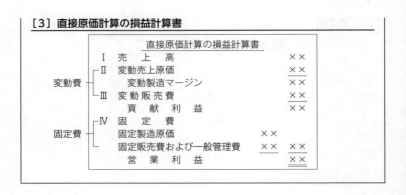

問1　貢献利益、損益分岐点、安全余裕率

(1)　貢献利益

売 上 高：@5,000円×10,000個　　　＝50,000,000円

変 動 費：

　変動製造原価；@2,500円×10,000個＝25,000,000円

　変動販売費；@　500円×10,000個＝ 5,000,000円

貢献利益：　　　　　　　　　　　　20,000,000円

(2)　損益分岐点の販売量、売上高

損益分岐点の販売量および売上高を求めるときは、直接原価計算の損益計算書の営業利益を「0円」として計算します。

売上高をS（円）とする場合

損益計算書

売上高	S
変動費	0.6S *1
貢献利益	0.4S
固定費	12,000,000 *2
営業利益	0

＊1　変動費：@2,500円＋@500円＝@3,000円

変動費率：$\frac{@3,000円}{@5,000円}=0.6$

＊2　固定費：5,000,000円＋7,000,000円＝12,000,000円

売上高：0.4S－12,000,000＝0

0.4S＝12,000,000

S＝30,000,000（円）

販売量：30,000,000円÷@5,000円＝6,000個

販売量をX（個）とする場合

損益計算書

売上高	5,000X
変動費	3,000X
貢献利益	2,000X
固定費	12,000,000
営業利益	0

販売量：$2{,}000X - 12{,}000{,}000 = 0$

$$2{,}000X = 12{,}000{,}000$$

$$X = 6{,}000 \text{（個）}$$

売上高：@5,000円×6,000個＝30,000,000円

(3) **安全余裕率**

安全余裕率は当期の実際売上高と損益分岐点の売上高との差額を、当期の実際売上高で割って求めます。

$$\text{安全余裕率：}\frac{50{,}000{,}000\text{円} - 30{,}000{,}000\text{円}}{50{,}000{,}000\text{円}} \times 100 = 40\%$$

問2 目標営業利益および目標営業利益率を達成する販売量、売上高

(1) **営業利益7,500,000円を達成する販売量、売上高**

目標営業利益を達成する販売量および売上高は、直接原価計算の損益計算書の営業利益を「目標営業利益（7,500,000円）」として計算します。

売上高をＳ（円）とする場合

損益計算書

売上高	S
変動費	0.6S
貢献利益	0.4S
固定費	12,000,000
営業利益	7,500,000

売上高：$0.4S - 12{,}000{,}000 = 7{,}500{,}000$

$$0.4S = 7{,}500{,}000 + 12{,}000{,}000$$

$$S = 48{,}750{,}000 \text{（円）}$$

販売量：48,750,000円÷@5,000円＝9,750個

販売量をX（個）とする場合

損益計算書

売上高	5,000X
変動費	3,000X
貢献利益	2,000X
固定費	12,000,000
営業利益	7,500,000

販売量：2,000X − 12,000,000 = 7,500,000

2,000X = 7,500,000 + 12,000,000

X = 9,750（個）

売上高：@5,000円 × 9,750個 = 48,750,000円

(2) 売上高営業利益率25%を達成する販売量、売上高

売上高営業利益率は、売上高に対する営業利益の割合です。したがって、売上高営業利益率25%を達成する販売量および売上高を計算するときは、直接原価計算の損益計算書の営業利益を「売上高営業利益率（25%）×売上高」として計算します。

売上高をS（円）とする場合

損益計算書

売上高	S
変動費	0.6S
貢献利益	0.4S
固定費	12,000,000
営業利益	0.25S

売上高：0.4S − 12,000,000 = 0.25S

0.4S − 0.25S = 12,000,000

S = 80,000,000（円）

販売量：80,000,000円 ÷ @5,000円 = 16,000個

販売量をX（個）とする場合

損益計算書	
売　上　高	5,000X
変　動　費	3,000X
貢献利益	2,000X
固　定　費	12,000,000
営業利益	0.25×5,000X

販売量：2,000X－12,000,000＝0.25×5,000X

2,000X－1,250X＝12,000,000

X＝16,000（個）

売上高：@5,000円×16,000個＝80,000,000円

問3 条件を変更した場合

(1) 当期の営業利益

貢献利益（問1より）：		20,000,000円
固 定 費：	固定製造原価	5,000,000円
	固定販売費・一般管理費	7,000,000円
営業利益		8,000,000円

(2) 条件変更後において当期と同額の営業利益を達成する販売量

条件変更後の販売単価：@5,000円×80%＝@4,000円

100%－20%

売上高をS（円）とする場合

損益計算書	
売　上　高	S
変　動　費	0.75S*
貢献利益	0.25S
固　定　費	12,000,000
営業利益	8,000,000

＊ 変動費率：$\frac{@3,000円}{@4,000円}$＝0.75

売上高：0.25S − 12,000,000 = 8,000,000

0.25S = 8,000,000 + 12,000,000

S = 80,000,000（円）

販売量：80,000,000円 ÷ @4,000円 = 20,000個

販売量をX（個）とする場合

損益計算書	
売　上　高	4,000X
変　動　費	3,000X
貢献利益	1,000X
固　定　費	12,000,000
営業利益	8,000,000

販売量：1,000X − 12,000,000 = 8,000,000

1,000X = 8,000,000 + 12,000,000

X = 20,000（個）

CVP分析のポイント

✓ CVP分析の問題は直接原価計算の損益計算書を使い、売上高をS（円）または販売量をX（個）として解く

損益計算書	
売　上　高	××
変　動　費	××
貢献利益	××
固　定　費	××
営業利益	××

✓ 損益分岐点の売上高…営業利益が0円となるときの売上高

✓ $\text{売上高営業利益率} = \dfrac{\text{営業利益}}{\text{売上高}}$

✓ $\text{安全余裕率} = \dfrac{\text{実際売上高}^{*} - \text{損益分岐点の売上高}}{\text{実際売上高}^{*}}$

＊　または予想売上高

直接原価計算（CVP分析）－Ⅱ

解答

問1	2,800,000 円
問2	245,000 円
問3	2,600,000 円
問4	350,000 円
問5	8

解説

CVP分析の問題です。

本問は製品1個あたりの単価等の記載がないため、売上高をSとして計算する方法で求めます。

問1 損益分岐点の売上高

損益計算書

売上高	S
変動費	0.65S *
貢献利益	0.35S
固定費	980,000
営業利益	0

* 変動費：1,750,000円＋330,000円
＝2,080,000円

変動費率：$\frac{2{,}080{,}000\text{円}}{3{,}200{,}000\text{円}}=0.65$

損益分岐点の売上高：0.35S－980,000＝0

0.35S＝980,000

S＝2,800,000（円）

問2 売上高が3,500,000円のときの営業利益

変動費率が0.65なので、売上高が3,500,000円のときの営業利益は次のように計算します。

損益計算書	
売上高	3,500,000
変動費	2,275,000
貢献利益	1,225,000
固定費	980,000
営業利益	245,000

変動費：3,500,000円×0.65＝2,275,000円

貢献利益：3,500,000円－2,275,000円＝1,225,000円

営業利益：1,225,000円－980,000円＝245,000円

問3 固定費を70,000円削減したときの損益分岐点の売上高

損益計算書	
売上高	S
変動費	0.65S
貢献利益	0.35S
固定費	910,000*
営業利益	0

＊ 固定費：980,000円－70,000円
＝910,000円

営業利益：0.35S－910,000＝0

0.35S＝910,000

S＝2,600,000（円）

問4 変動費を160,000円削減したときの損益分岐点の売上高の減少額

損益計算書	
売上高	S
変動費	0.6S*
貢献利益	0.4S
固定費	980,000
営業利益	0

＊ 変動費：2,080,000円－160,000円
＝1,920,000円

変動費率：$\frac{1{,}920{,}000円}{3{,}200{,}000円}=0.6$

損益分岐点の売上高：0.4S－980,000＝0

0.4S＝980,000

S＝2,450,000（円）

損益分岐点の売上高の減少額：2,800,000円－2,450,000円＝350,000円

問5 経営レバレッジ係数

経営レバレッジ係数：$\frac{1,120,000\text{円}}{140,000\text{円}} = 8$

第5問対策－❻／8問　直接原価計算（CVP分析）－Ⅲ

解答

問1　製品単位あたりの変動製造原価　1,200 円/個

　　　月間の固定製造原価　4,300,000 円

問2(1)　55 %

　(2)　11,000,000 円

　(3)　5,830,000 円

　(4)　45 %

解説

高低点法による原価分解およびCVP分析の問題です。

問1 高低点法による原価分解

高低点法とは、過去の原価データをもとに、最高操業度のときの原価と最低操業度のときの原価から、製品1個あたりの変動費（変動費率）と固定費（期間総額）を求める方法をいいます。

なお、正常な生産量の範囲外（正常操業圏外）で発生した原価は、異常な状態で発生した原価と考えられるため、計算上除外し、最高点と最低点は、正常操業圏内から抽出します。

本問の正常操業圏は4,000個から5,500個の間なので、11月（3,880個）のデータは正常操業圏外となります。したがって、本問で抽出する最高点は1月（5,280個）、最低点は3月（4,100個）となります。

変動費率：$\dfrac{10,636,000円-9,220,000円}{5,280個-4,100個}=@1,200円$

固 定 費：10,636,000円－@1,200円×5,280個＝4,300,000円

または

9,220,000円－@1,200円×4,100個＝4,300,000円

問2 貢献利益率、損益分岐点の売上高、月間営業利益、安全余裕率

(1) 貢献利益率

製品1個あたりの変動費：@1,200円＋@600円＝@1,800円

製品1個あたりの貢献利益：@4,000円－@1,800円＝@2,200円

貢献利益率：$\dfrac{@2,200円}{@4,000円}\times 100=55\%$

(2) 損益分岐点の売上高

売上高をS（円）とする場合

損益計算書

売上高	S
変動費	0.45S *1
貢献利益	0.55S
固定費	6,050,000 *2
営業利益	0

＊1　変動費率：1－0.55＝0.45

＊2　固 定 費：4,300,000円＋1,750,000円＝6,050,000円

売上高：0.55S－6,050,000＝0

0.55S＝6,050,000

S＝11,000,000（円）

販売量をX（個）とする場合

損益計算書

売上高	4,000X
変動費	1,800X
貢献利益	2,200X
固定費	6,050,000
営業利益	0

販売量：2,200X－6,050,000＝０

$$2{,}200X = 6{,}050{,}000$$

$$X = 2{,}750\ （個）$$

売上高：@4,000円×2,750個＝11,000,000円

(3) 月間販売量が5,400個の場合の月間営業利益

売　上　高：@4,000円×5,400個＝	21,600,000円
変　動　費：@1,800円×5,400個＝	9,720,000円
貢献利益：	11,880,000円
固　定　費：	6,050,000円
営業利益：	5,830,000円

(4) 月間販売量が5,000個の場合の安全余裕率

売　上　高：@4,000円×5,000個＝20,000,000円

安全余裕率：$\dfrac{20{,}000{,}000円 - 11{,}000{,}000円}{20{,}000{,}000円} \times 100 = 45\%$

高低点法のポイント

✓ 正常操業圏内の最高操業度のデータと最低操業度のデータを抽出して計算する

✓ $変動費率 = \dfrac{最高点の原価 - 最低点の原価}{最高点の操業度 - 最低点の操業度}$

固 定 費＝最高点の原価－変動費率×最高点の操業度

または

固 定 費＝最低点の原価－変動費率×最低点の操業度

第5問対策－❼／8問　標準原価計算と予算実績差異分析

解答

問1	予算売上高：	800,000 円	
問2	販売価格差異：	23,000 円	（**借方**・貸方）差異
	販売数量差異：	120,000 円	（借方・**貸方**）差異
問3	総　差　異：	30,000 円	（**借方**・貸方）差異
	予算差異：	2,200 円	（**借方**・貸方）差異
	操業度差異：	3,800 円	（**借方**・貸方）差異
	能率差異：	24,000 円	（**借方**・貸方）差異

※　問2と問3については、（　　）内の「借方」または「貸方」を○で囲むこと。

解説

標準原価計算と予算実績差異分析の問題です。

原価の差異分析をするときは、標準のデータから実際のデータを差し引いて、値がプラスなら有利差異（貸方差異）、値がマイナスなら不利差異（借方差異）と判断します。

一方、売上高の差異分析をするときは、実績のデータから予算のデータを差し引いて、値がプラスなら有利差異（貸方差異）、値がマイナスなら不利差異（借方差異）と判断します。

問1　予算売上高

予算売上高：@4,000円×200個＝800,000円

問2　販売価格差異と販売数量差異

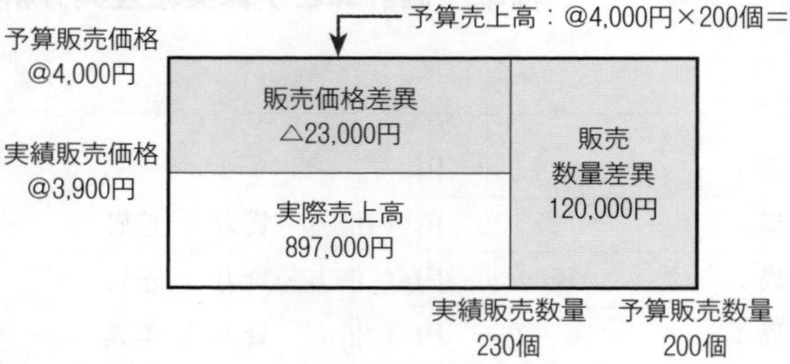

販売価格差異：(@3,900円－@4,000円)×230個＝△23,000円（不利差異・借方差異）

販売数量差異：@4,000円×(230個－200個)＝120,000円（有利差異・貸方差異）

問3　加工費の差異分析

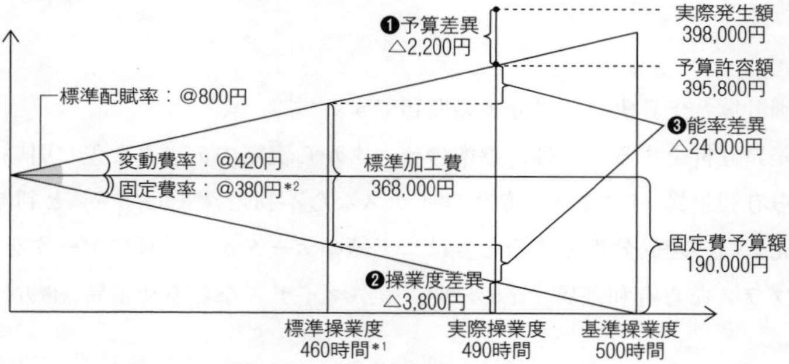

＊1　標準操業度（標準機械作業時間）：2時間×230個＝460時間

＊2　固定費率：190,000円÷500時間＝@380円

標 準 加 工 費：@800円×460時間＝368,000円

予 算 許 容 額：@420円×490時間＋190,000円＝395,800円

総　差　異：368,000円－398,000円＝△30,000円（不利差異・借方差異）

❶予 算 差 異；395,800円－398,000円＝△2,200円（不利差異・借方差異）

❷操業度差異；@380円×(490時間－500時間)＝△3,800円（不利差異・借方差異）

❸能 率 差 異；@800円×(460時間－490時間)＝△24,000円（不利差異・借方差異）

第5問 難問 対策－❽／8問　CVP分析等

解答

問1	当月の直接材料費の総額：	605,000 円
問2	当月の製造間接費の総額：	1,503,000 円
問3	当月の変動費の総額：	2,361,600 円
問4	当月の貢献利益：	3,542,400 円
	貢献利益率：	60 %
問5	当月の損益分岐点の売上高：	5,328,000 円
問6	当月の必要売上高：	6,784,000 円

解説

費目別計算およびCVP分析の問題です。なお、製造原価を直接費と間接費に分けると次のようになります。

※ [薄い網掛け]は直接費、[濃い網掛け]は間接費

		変動費	固定費
	製造原価		
材料費	主要材料費	437,000	—
材料費	補助材料費	91,000	—
材料費	買入部品費	168,000	—
労務費	直接工賃金	820,000	—
労務費	間接工賃金	320,000	230,400
労務費	従業員賞与手当	—	30,200
経費	減価償却費	—	697,000
経費	その他の間接経費	45,600	88,800

問1　当月の直接材料費の総額

直接材料費：437,000円＋168,000円＝605,000円
　　　　　　主要材料費　　買入部品費

問2 当月の製造間接費の総額

製造間接費：91,000円＋320,000円＋230,400円＋30,200円＋697,000円

（91,000円＝補助材料費、320,000円＋230,400円＝間接工賃金、30,200円＝従業員賞与手当、697,000円＝減価償却費）

＋45,600円＋88,800円＝1,503,000円

（45,600円＋88,800円＝その他の間接経費）

問3 当月の変動費の総額

総原価のうち、変動費の金額を合計して変動費の総額2,361,600円を計算します。

（単位：円）

	変動費	固定費
製造原価		
主要材料費	437,000	―
補助材料費	91,000	―
買入部品費	168,000	―
直接工賃金	820,000	―
間接工賃金	320,000	230,400
従業員賞与手当	―	30,200
減価償却費	―	697,000
その他の間接経費	45,600	88,800
販売費	480,000	660,400
一般管理費	―	1,490,000
合計	2,361,600	3,196,800

問4 当月の貢献利益、貢献利益率

貢献利益：5,904,000円－2,361,600円＝3,542,400円

（5,904,000円＝売上高、2,361,600円＝変動費の総額）

貢献利益率：$\frac{3,542,400円}{5,904,000円} \times 100 = 60\%$

問5 当月の損益分岐点の売上高

売上高をＳ（円）として、当月の損益分岐点の売上高を計算します。

損益計算書		
売上高	S	
変動費	0.4S	
貢献利益	0.6S	←問４より
固定費	3,196,800	←問３の解説参照
営業利益	0	

売上高：0.6S－3,196,800＝０

0.6S＝3,196,800

S＝5,328,000（円）

問6 当月の必要売上高

損益計算書	
売上高	S
変動費	0.4S
貢献利益	0.6S
固定費	3,196,800
営業利益	873,600

売上高：0.6S－3,196,800＝873,600

0.6S＝3,196,800＋873,600

S＝6,784,000（円）

模擬試験　第４回 解答解説

第1問（20点）

解答

	借方		貸方	
	記号	金額	記号	金額
1	(エ)貯蔵品	100,000	(ア)機械装置	560,000
	(カ)固定資産除却損	460,000		
2	(ア)諸資産	5,900,000	(イ)諸負債	1,500,000
	(エ)のれん	100,000	(カ)資本金	2,500,000
			(キ)資本準備金	2,000,000
3	(ア)売買目的有価証券	20,000	(ク)有価証券評価益	20,000
	(ウ)繰延税金資産	1,500	(イ)その他有価証券	5,000
	(オ)その他有価証券評価差額金	3,500		
4	(イ)建物	5,000,000	(エ)建設仮勘定	6,000,000
	(オ)修繕引当金	400,000		
	(カ)修繕費	600,000		
5	(イ)未収入金	336,250	(ア)売買目的有価証券	338,250
	(カ)有価証券売却損	2,000		

仕訳１つにつき各４点、
合計20点

解説

1 固定資産の除却

固定資産を除却したときの処分価額は**貯蔵品［資産］**で処理します。また、除却時の帳簿価額と貯蔵品の差額は**固定資産除却損［費用］**で処理します。

本問では、生産高比例法で減価償却を行っているので、除却時の帳簿価額は次のように計算します。

前期末までの減価償却累計額：$4,000,000円 \times \frac{17,200時間}{20,000時間} = 3,440,000円$

除却時の帳簿価額：4,000,000円－3,440,000円＝560,000円

2 合併

吸収合併によって受け入れた資産や負債は時価で処理します。なお、合併対価と受け入れた純資産（資産－負債）との差額を**のれん**［資産］として処理します。

株式の時価：@60,000円×75株＝4,500,000円

受入純資産：5,900,000円－1,500,000円＝4,400,000円
　　　　　　諸資産　　　　諸負債

の　れ　ん：4,500,000円－4,400,000円＝100,000円

資本準備金：4,500,000円－2,500,000円＝2,000,000円
　　　　　　株式の時価　　資本金組入額

3 有価証券の評価替え

売買目的有価証券［資産］と**その他有価証券**［資産］は、決算時において時価に評価替えをします。

売買目的有価証券の評価差額は、**有価証券評価損**［費用］または**有価証券評価益**［収益］で処理します。

有価証券評価損益：320,000円－300,000円＝20,000円（評価益）

その他有価証券の評価差額は、**その他有価証券評価差額金**［純資産］で処理し、評価差額に対して税効果会計を適用します。

その他有価証券評価差額金：490,000円－495,000円＝△5,000円（評価差損）

なお、評価差額に対して税効果会計を適用します。

税効果の金額：5,000円×30％＝1,500円

評価差額の計上：	（その他有価証券評価差額金）	5,000	（その他有価証券）	5,000
	純資産項目			
税効果の仕訳：	（繰延税金資産）	1,500	（その他有価証券評価差額金）	1,500
解答の仕訳：	（繰延税金資産）	1,500	（その他有価証券）	5,000
	（その他有価証券評価差額金）	3,500		

4 固定資産の改良、修繕

完成前に支払った工事代金は**建設仮勘定**［資産］で処理しているので、工事が完成したら**建設仮勘定**［資産］から適切な勘定に振り替えます。なお、修繕引当金を設定している場合の修繕費の処理は、修繕引当金を取り崩したあと、超過額を**修繕費**［費用］で処理します。

5 複数回に分けて取得した有価証券の帳簿単価の計算

平均法によって、Ｂ社株式の帳簿単価を計算します。

$$\text{帳簿単価：}\frac{\text{@1,300円}\times\text{200株}+\text{@1,260円}\times\text{100株}+\text{@1,552円}\times\text{100株}}{\text{200株}+\text{100株}+\text{100株}}=\text{@1,353円}$$

売却した株式の帳簿価額：@1,353円×250株＝338,250円

売却価額：@1,345円×250株＝336,250円

第2問 (20点)

解答

連結第1年度　　　連結精算表　　　(単位：千円)

科目	個別財務諸表		修正・消去		連結財務諸表
	P社	S社	借方	貸方	
貸借対照表					
現金預金	144,000	52,000			196,000
売掛金	380,000	180,000		80,000	480,000
商品	296,000	111,000		5,000	402,000
長期貸付金	140,000			60,000	80,000
未収収益	1,400			400	1,000
土地	130,000	30,000		5,000	155,000
S社株式	106,000			106,000	
(のれん)			22,000	1,100	20,900
資産合計	1,197,400	373,000	22,000	257,500	1,334,900
買掛金	145,400	154,000	80,000		219,400
長期借入金	100,000	80,000	60,000		120,000
未払費用	2,000	1,000	400		2,600
資本金	200,000	80,000	80,000		200,000
資本剰余金	110,000	16,000	16,000		110,000
利益剰余金	640,000	42,000	24,000		643,000
			641,900	626,900	
非支配株主持分			1,500	36,000	39,900
				5,400	
負債・純資産合計	1,197,400	373,000	903,800	668,300	1,334,900
損益計算書					
売上高	1,240,000	860,000	625,000		1,475,000
売上原価	812,000	510,000	5,000	625,000	702,000
販売費及び一般管理費	372,000	331,400			703,400
(のれん)償却			1,100		1,100
受取利息	5,400		400		5,000
支払利息	2,400	600		400	2,600
土地売却益	5,000		5,000		
当期純利益	64,000	18,000	636,500	625,400	70,900
非支配株主に帰属する当期純利益			5,400	1,500	3,900
親会社株主に帰属する当期純利益	64,000	18,000	641,900	626,900	67,000

(網掛け) 1つにつき各2点、合計20点

解説 （仕訳の単位：千円）

連結第１年度における連結精算表を作成する問題です。

本問は、連結貸借対照表と連結損益計算書の部分のみ作成する（連結株主資本等変動計算書は作成しない）ため、連結修正仕訳は「当期首残高」や「当期変動額」などをつけずに仕訳することができます。

1 支配獲得時の連結修正仕訳

支配獲得時（×0年３月31日）には、投資と資本の相殺消去をします。

（資本金）	80,000	（Ｓ社株式）	106,000
（資本剰余金）	16,000	（非支配株主持分）	36,000＊1
（利益剰余金）	24,000		
（のれん）	22,000＊2		

＊1　(80,000千円＋16,000千円＋24,000千円)×30%＝36,000千円

＊2　貸借差額

2 連結第１年度の連結修正仕訳

(1) 開始仕訳

支配獲得時に行った連結修正仕訳（投資と資本の相殺消去）を再度行います（開始仕訳）。

（資本金）	80,000	（Ｓ社株式）	106,000
（資本剰余金）	16,000	（非支配株主持分）	36,000
（利益剰余金）	24,000		
（のれん）	22,000		

(2) 連結第１年度の連結修正仕訳

連結第１年度の連結修正仕訳をします。

① のれんの償却

（のれん償却）	1,100	（のれん）	1,100＊

＊　22,000千円÷20年＝1,100千円

② 子会社の当期純損益の振り替え

（非支配株主に帰属する当期純利益）	5,400	（非支配株主持分）	5,400＊

＊　18,000千円×30%＝5,400千円

（18,000千円：S社の損益計算書より）

③ 売上高と売上原価の相殺消去

（売　上　高）	625,000	（売　上　原　価）	625,000

④ 期末商品に含まれる未実現利益の消去（アップストリーム）

アップストリームであるため、消去した未実現利益を非支配株主に負担させます。

（売　上　原　価）	5,000	（商　　　品）	5,000*1
（非支配株主持分）	1,500	（非支配株主に帰属する当期純利益）	1,500*2

（売上原価：損益項目 → 非支配株主に帰属する当期純利益：損益項目）

＊1　12,500千円×40％＝5,000千円
＊2　5,000千円×30％＝1,500千円

⑤ 売掛金と買掛金の相殺消去

（買　掛　金）	80,000	（売　掛　金）	80,000

⑥ 土地に含まれる未実現利益の消去（ダウンストリーム）

当年度中に、Ｐ社からＳ社に対して帳簿価額25,000千円の土地を30,000千円で売却しているので、Ｐ社で土地売却益が5,000千円生じています（Ｓ社では土地30,000千円で計上しています）。これは未実現利益であるため、連結財務諸表の作成にあたって消去します。

（土地売却益）	5,000	（土　　　地）	5,000

⑦ 長期貸付金と長期借入金、利息の相殺消去

Ｐ社の長期貸付金とＳ社の長期借入金を相殺消去します。また、これにかかる利息（受取利息と支払利息、未収収益と未払費用）も相殺消去します。

（長期借入金）	60,000	（長期貸付金）	60,000
（受　取　利　息）	400	（支　払　利　息）	400*
（未　払　費　用）	400	（未　収　収　益）	400*

＊　60,000千円×２％×$\frac{4\text{か月}(\times0\text{年}12/1\sim\times1\text{年}3/31)}{12\text{か月}}$＝400千円

第3問（20点）

解答

損益計算書

自×3年4月1日　至×4年3月31日　（単位：円）

Ⅰ　売上高		(9,767,300)
Ⅱ　売上原価		
1．期首商品棚卸高	(321,000)	
2．当期商品仕入高	(6,780,000)	
合計	(7,101,000)	
3．期末商品棚卸高	(361,000)	
差引	(6,740,000)	
4．(商品評価損)	(3,600)	(6,743,600)
売上総利益		(3,023,700)
Ⅲ　販売費及び一般管理費		
1．給料	812,000	
2．貸倒引当金繰入	(12,000)	
3．賞与引当金繰入	(60,000)	
4．支払地代	756,000	
5．水道光熱費	137,000	
6．保険料	(126,000)	
7．棚卸減耗損	(19,000)	
8．(減価償却費)	(306,400)	
9．ソフトウェア償却	(70,000)	(2,298,400)
営業利益		(725,300)
Ⅳ　営業外収益		
1．有価証券利息	(15,200)	
2．有価証券（評価益）	(2,000)	(17,200)
Ⅴ　営業外費用		
1．支払利息	(22,000)	
2．雑損	(500)	(22,500)
税引前当期純利益		(720,000)
法人税、住民税及び事業税	(229,500)	
法人税等調整額	(△13,500)	(216,000)
当期純利益		(504,000)

（網掛け部分）1つにつき各2点、合計20点

解説

損益計算書を作成する問題です。決算整理前残高試算表をもとに、未処理事項と決算整理事項の仕訳を行い損益計算書を作成します。なお、P/Lは損益計算書（Profit& Loss statement）を表します。

Ⅰ　未処理事項

1　売上の計上

売上を計上します。

（売　掛　金）	100,000	（売　　上）	100,000

P/L　売上：9,667,300円＋100,000円＝9,767,300円

2　リース料の支払い

本問は利子抜き法で処理しているので、リース資産を取得したときは、見積現金購入価額で**リース資産［資産］**と**リース債務［負債］**を計上しています。

取得時：

（リース資産）	300,000	（リース債務）	300,000

そして、リース料を支払ったときは、当期に対応する部分のリース債務（300,000円÷３年＝100,000円）を減額するとともに、当期の利息部分は**支払利息［費用］**で処理します。

（リース債務）	100,000	（当座預金）	120,000
（支払利息）	20,000*		

＊（120,000円×３年－300,000円）÷３年＝20,000円

P/L　支払利息：2,000円＋20,000円＝22,000円

Ⅱ　決算整理仕訳

1　現金過不足の処理

現金の実際有高が帳簿残高よりも500円不足しているので、**現金［資産］**を500円減少させます。なお、その原因が不明なので、**雑損［費用］**で処理します。

（雑　　損）	500	（現　　金）	500

P/L　雑損：500円

2 貸倒引当金の設定

売掛金の期末残高に対して貸倒引当金を設定します。

P/L　貸倒引当金繰入：(500,000円＋100,000円)×３％－6,000円＝12,000円

1 1

(貸倒引当金繰入)	12,000	(貸　倒　引　当　金)	12,000

3 賞与引当金の設定

賞与引当金を設定するときは、**賞与引当金繰入［費用］**を計上し、貸方科目は**賞与引当金［負債］**で処理します。

(賞与引当金繰入)	60,000	(賞　与　引　当　金)	60,000

P/L　賞与引当金繰入：60,000円

4 売買目的有価証券の評価替え

売買目的有価証券を時価に評価替えします。

P/L　有価証券評価益：922,000円－920,000円＝2,000円

時価　帳簿価額

(売買目的有価証券)	2,000	(有価証券評価益)	2,000

5 売上原価の算定

実地棚卸数量360個については時価が原価よりも低いので、時価に評価替えします。

P/L　期末商品棚卸高：@950円×380個＝361,000円

P/L　棚　卸　減　耗　損：@950円×(380個－360個)＝19,000円

P/L　商　品　評　価　損：(@950円－@940円)×360個＝3,600円

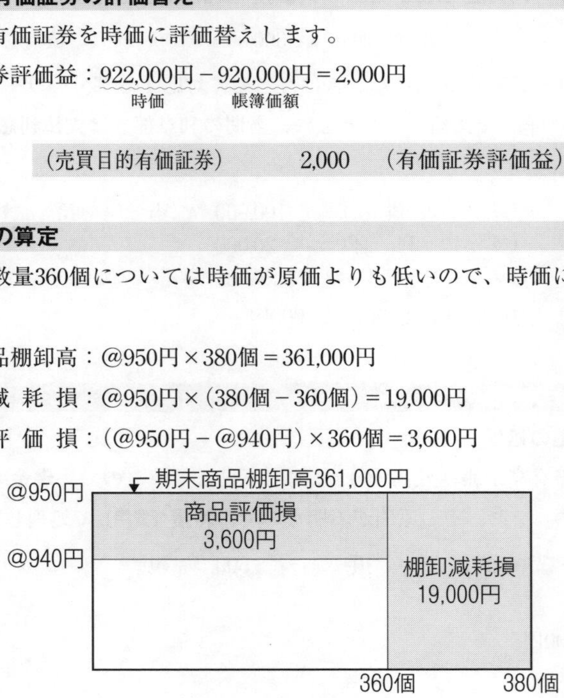

6 固定資産の減価償却

(1) 備品の減価償却費

備品は200％定率法で減価償却します。なお、備品のうち300,000円については減価償却費のうち損金算入超過額に対して税効果会計を適用します。

耐用年数５年の償却率：（１÷５年）×200％＝0.4

耐用年数８年の償却率：（１÷８年）×200％＝0.25

減価償却費：

既　存　分；（900,000円－300,000円－384,000円）×0.4＝86,400円

（300,000円：当期取得分　384,000円：減価償却累計額）

当期取得分；300,000円×0.4＝120,000円

合　　　計；86,400円＋120,000円＝206,400円

（減価償却費）	206,400	（備品減価償却累計額）	206,400

税効果会計：

税法上の減価償却費；300,000円×0.25＝75,000円

減価償却超過額；120,000円－75,000円＝45,000円

税効果の金額；45,000円×30％＝13,500円

（繰延税金資産）	13,500	（法人税等調整額）	13,500

P/L　法人税等調整額：13,500円

(2) リース資産の減価償却費

リース資産は残存価額をゼロ、耐用年数をリース期間（３年）とした定額法によって償却します。

減価償却費：300,000円÷３年＝100,000円

（減価償却費）	100,000	（リース資産減価償却累計額）	100,000

P/L　減価償却費：206,400円＋100,000円＝306,400円

7 ソフトウェアの償却

ソフトウェアは×1年４月１日に取得しているので、前期末（×3年３月31日）までに２年償却しています。そのため、残高試算表の金額（210,000円）をあと３年（５年－２年）で償却します。

P/L　ソフトウェア償却：210,000円÷３年＝70,000円

（ソフトウェア償却）	70,000	（ソフトウェア）	70,000

8 満期保有目的債券の評価

償却原価法によって評価します。満期保有目的債券は前期首（×2年４月１日）に取得しているので、前期末（×3年３月31日）までに１年償却しています。また、取得日から満期日（×7年３月31日）までの期間が５年なので、額面金額（800,000円）と帳簿価額（787,200円）の差額をあと４年（５年－１年）で償却します。

当期償却額：(800,000円－787,200円)÷４年＝3,200円

（満期保有目的債券）	3,200	（有価証券利息）	3,200

なお、問題文にあるクーポン利息とは、利払日ごとに支払われる利息（額面金額に利率を掛けて求めた利息）のことをいい、本問では「クーポン利息の処理は適正に行っている」ため、利払日（３月31日）の処理については決算で行う必要はありません。

P/L　有価証券利息：12,000円＋3,200円＝15,200円

9 保険料の前払計上

残高試算表の保険料168,000円は、当期首の再振替仕訳４か月分と当期の８月１日に支払った12か月分をあわせた16か月分の金額です。そこで、×4年４月１日から×4年７月31日までの４か月分を次期の費用として前払処理します。

前払保険料：$168,000円 \times \frac{4か月}{16か月} = 42,000円$

（前払保険料）	42,000	（保険料）	42,000

P/L　保険料：168,000円－42,000円＝126,000円

10 法人税等の計上

法人税、住民税及び事業税を計上します。

P/L　法人税、住民税及び事業税：229,500円

（法人税、住民税及び事業税）	229,500	（未払法人税等）	229,500

第4問 (28点)

解答

(1)

	借方		貸方	
	記号	金額	記号	金額
1	(イ)仕掛品	1,100,000	(ア)材料	1,150,000
	(エ)製造間接費	50,000		
2	(オ)仕掛品	860,000	(ウ)材料	860,000
3	(イ)仕掛品	960,000	(ウ)賃金・給料	1,650,000
	(エ)製造間接費	690,000		

(2)

仕掛品

9/1	月初有高	(12,300,000)	9/30	当月完成高	(33,550,000)
30	直接材料費	(3,700,000)	〃	月末有高	(5,100,000)
〃	直接労務費	(7,550,000)			
〃	製造間接費	(15,100,000)			
		(38,650,000)			(38,650,000)

製品

9/1	月初有高	(13,600,000)	9/30	売上原価	(36,400,000)
30	当月完成高	(33,550,000)	〃	月末有高	(10,750,000)
		(47,150,000)			(47,150,000)

(1)は仕訳1つにつき各4点、
(2)は　1つにつき各4点、
合計28点

解説

(1) 仕訳問題

工業簿記の仕訳問題です。

1 材料の消費

素材費と買入部品費は、直接材料費なので**材料勘定**から**仕掛品勘定**に振り替えます。また、工場消耗品費は間接材料費なので、**材料勘定**から**製造間接費勘定**に振り替えます。

直接材料費：800,000円＋300,000円＝1,100,000円

間接材料費：50,000円

2 素材の出庫

外注加工先に素材を無償で引き渡したとき（通常の出庫表で出庫しているとき）は、**材料勘定**から**仕掛品勘定**に振り替えます。

3 賃金の消費

直接工の賃金のうち、直接作業分は**賃金・給料勘定**から**仕掛品勘定**に振り替えます。また、直接工の賃金のうち間接作業分と間接工賃金は**賃金・給料勘定**から**製造間接費勘定**に振り替えます。

直接労務費：@1,200円×800時間＝960,000円

間接労務費：

（直接工の間接作業分）；@1,200円×50時間　＝　60,000円

（間接工賃金）；620,000円＋40,000円－30,000円＝630,000円

690,000円

(2) 個別原価計算

個別原価計算に関する勘定記入の問題です。

1 各製品の状態

原価計算表の備考欄をみて、各製品の月初および月末の状態を確認します。

製造指図書番号	備　　考	月初(9/1)の状態	月末(9/30)の状態
901	製造着手日：8/7 完　成　日：8/31 引　渡　日：9/2	8月着手・8月完成 →製品	9月引渡 →売上原価
902	製造着手日：8/10 完　成　日：9/5 引　渡　日：9/8	8月着手・8月未完成 →仕掛品	9月完成・引渡 →売上原価
903	製造着手日：8/29 完　成　日：9/20 引　渡　日：9/23	8月着手・8月未完成 →仕掛品	9月完成・引渡 →売上原価
904	製造着手日：9/10 完　成　日：9/30 引　渡　日：10/2予定	9月から着手 →月初なし	9月完成・未引渡 →製品
905	製造着手日：9/24 完　成　日：10/15予定 引　渡　日：10/17予定	9月から着手 →月初なし	9月未完成 →仕掛品

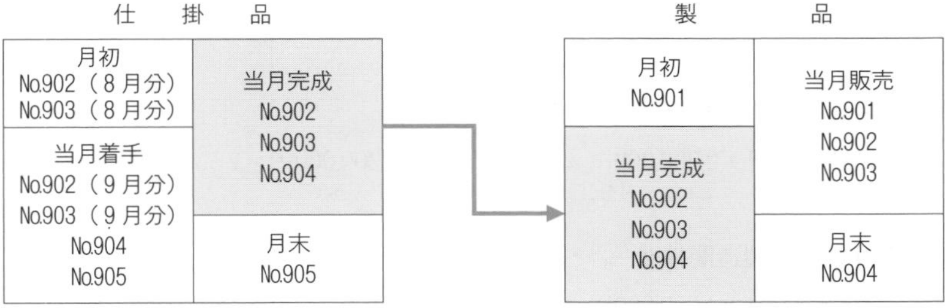

2 9月発生分の原価の計算

資料の9月末時点の原価には8月発生分の原価も含まれているため、9月末時点の原価から8月末時点の原価を差し引いて、9月発生分の原価を計算しておきます。

なお、No.904とNo.905については、9月から製造着手しているため、9月末時点の原価はすべて９月発生分となります。

No.901：直接材料費　2,800,000円－2,800,000円＝０円
　　　　直接労務費　3,600,000円－3,600,000円＝０円
　　　　製造間接費　7,200,000円－7,200,000円＝０円
No.902：直接材料費　1,900,000円－1,900,000円＝０円
　　　　直接労務費　3,300,000円－1,800,000円＝1,500,000円
　　　　製造間接費　6,600,000円－3,600,000円＝3,000,000円
No.903：直接材料費　3,800,000円－3,800,000円＝０円
　　　　直接労務費　2,400,000円－400,000円＝2,000,000円
　　　　製造間接費　4,800,000円－800,000円＝4,000,000円

3　仕掛品勘定の金額

(1)　月初有高

No.902（８月分）：1,900,000円＋1,800,000円＋3,600,000円＝7,300,000円
直接材料費　直接労務費　製造間接費

No.903（８月分）：3,800,000円＋400,000円＋800,000円＝5,000,000円
直接材料費　直接労務費　製造間接費

合　計　：7,300,000円＋5,000,000円＝12,300,000円

(2)　当月着手・直接材料費

2,200,000円＋1,500,000円＝3,700,000円
No.904　No.905

(3)　当月着手・直接労務費

1,500,000円＋2,000,000円＋2,850,000円＋1,200,000円＝7,550,000円
No.902（９月分）　No.903（９月分）　No.904　No.905

(4)　当月着手・製造間接費

3,000,000円＋4,000,000円＋5,700,000円＋2,400,000円＝15,100,000円
No.902（９月分）　No.903（９月分）　No.904　No.905

(5) 当月完成高

No.902：1,900,000円＋3,300,000円＋6,600,000円＝11,800,000円
直接材料費（９月末時点）　直接労務費（９月末時点）　製造間接費（９月末時点）

No.903：3,800,000円＋2,400,000円＋4,800,000円＝11,000,000円
直接材料費（９月末時点）　直接労務費（９月末時点）　製造間接費（９月末時点）

No.904：2,200,000円＋2,850,000円＋5,700,000円＝10,750,000円
直接材料費（９月末時点）　直接労務費（９月末時点）　製造間接費（９月末時点）

合 計：11,800,000円＋11,000,000円＋10,750,000円＝33,550,000円

(6) 月末有高

No.905：1,500,000円＋1,200,000円＋2,400,000円＝5,100,000円
直接材料費（９月末時点）　直接労務費（９月末時点）　製造間接費（９月末時点）

4 製品勘定の金額

(1) 月初有高

No.901：2,800,000円＋3,600,000円＋7,200,000円＝13,600,000円
直接材料費　直接労務費　製造間接費

(2) 当月完成高

仕掛品勘定・当月完成高より33,550,000円

(3) 売上原価（当月引渡高）

13,600,000円＋11,800,000円＋11,000,000円＝36,400,000円
No.901　No.902　No.903

(4) 月末有高

No.904：10,750,000円

第5問（12点）

解答

(1)　全部原価計算による損益計算書（単位：円）

売　上　高	2,000,000
売　上　原　価	(1,200,000)
売上総利益	(800,000)
販売費及び一般管理費	(370,000)
営　業　利　益	(430,000)

(2)　直接原価計算による損益計算書（単位：円）

売　上　高	2,000,000
変動売上原価	(880,000)
（変動製造マージン）	(1,120,000)
変動販売費	(120,000)
（貢　献　利　益）	(1,000,000)
固　定　費	
固定加工費	(360,000)
固定販売費及び一般管理費	(250,000)
営　業　利　益	(390,000)

1つにつき各2点、合計12点

解説

全部原価計算の損益計算書と直接原価計算の損益計算書を作成する問題です。

1　資料の整理

仕掛品のボックス図を作成すると次のとおりです。

仕　掛　品　(直接材料費)

月初 0個	完成 800個
当月 1,000個	
	月末 200個

仕　掛　品　(加工費)

月初 0個	完成 800個
当月 900個[*2]	
	月末 100個[*1]

＊1　200個×50%＝100個

＊2　800個＋100個＝900個

2 全部原価計算の損益計算書

(1) 売上原価

全部原価計算では、固定製造原価(本問では固定加工費)も製品原価として計算します。

そのため、固定加工費360,000円(月額)を当月投入量(加工費)900個で割って1個あたりの固定加工費を計算します。

1個あたりの固定加工費：360,000円÷900個＝@400円

以上より、製品1個あたりの直接材料費、変動加工費、固定加工費の合計に販売量(800個)を掛けて売上原価を計算します。

売上原価：(@800円＋@300円＋@400円)×800個＝1,200,000円

(2) 販売費及び一般管理費

販売費及び一般管理費：@150円×800個＋250,000円＝370,000円

変動費　固定費

3 直接原価計算の損益計算書

(1) 変動売上原価

直接原価計算では、固定製造原価(本問では固定加工費)は期間原価として計算します。

変動売上原価：(@800円＋@300円)×800個＝880,000円

(2) 変動販売費

変動販売費：@150円×800個＝120,000円

模擬試験　第５回 解答解説

第**1**問（20点）

解答

	借方		貸方	
	記号	金額	記号	金額
1	(キ)仕掛品	330,000	(イ)給料	250,000
			(ウ)旅費交通費	80,000
2	(オ)法人税、住民税及び事業税	420,000	(ア)仮払法人税等	260,000
			(ウ)未払法人税等	160,000
3	(ア)当座預金	497,500	(イ)電子記録債権	500,000
	(カ)電子記録債権売却損	2,500		
4	(オ)研究開発費	420,000	(イ)当座預金	420,000
5	(カ)株式申込証拠金	16,500,000	(ウ)資本金	8,250,000
			(エ)資本準備金	8,250,000
	(ア)当座預金	16,500,000	(イ)別段預金	16,500,000

仕訳１つにつき４点、
合計20点

解説

1　役務収益・役務費用

給料と出張旅費のうち、特定のサービスに直接提供された分については、**給料**［**費用**］および**旅費交通費**［**費用**］から**仕掛品**［**資産**］に振り替えます。

2 法人税等の処理

法人税等の額は、課税所得（税引前当期純利益に損金不算入額等を調整した金額）に法定実効税率を掛けて計算します。なお、損金不算入額（会計上は費用に計上しているが、税法上は損金として認められないもの）は税引前当期純利益に加算します。

課税所得：1,200,000円＋200,000円＝1,400,000円

法人税、住民税及び事業税：1,400,000円×30％＝420,000円

また、期中に中間納付した場合には、**仮払法人税等［資産］**で処理しているので、決算時にこれを取り消し、確定額と中間納付額との差額は**未払法人税等［負債］**で処理します。

中間納付時：	（仮払法人税等）	260,000	（当座預金など）	260,000
決算時：	（法人税、住民税及び事業税）	420,000	（仮払法人税等）	260,000
			（未払法人税等）	160,000

3 電子記録債権の割引き

電子記録債権の割引料は**電子記録債権売却損［費用］**で処理します。

4 研究開発費の処理

研究開発のために費やした金額は**研究開発費［費用］**で処理します。

研究開発費：400,000円＋20,000円＝420,000円

5 新株発行における払込期日の処理

新株の発行にさいして、申込証拠金を受け取ったときは、**株式申込証拠金**［純資産］で処理するとともに、同額を**別段預金**［資産］で処理します。そして、払込期日の到来とともに、**株式申込証拠金**［純資産］は**資本金**［純資産］に、**別段預金**［資産］は**当座預金**［資産］等に振り替えます。

なお、本問では、「会社法が規定する最低額を資本金とした」とあるので、払込金額のうち半分を**資本金**［純資産］として処理し、残りの半分を**資本準備金**［純資産］として処理します。

払込金額：@55,000円×300株＝16,500,000円

資本金：16,500,000円×$\frac{1}{2}$＝8,250,000円

資本準備金：16,500,000円－8,250,000円＝8,250,000円

申込証拠金の受取時の仕訳：

（別段預金）	16,500,000	（株式申込証拠金）	16,500,000

払込期日の仕訳：

（株式申込証拠金）	16,500,000	（資本金）	8,250,000
		（資本準備金）	8,250,000
（当座預金）	16,500,000	（別段預金）	16,500,000

第2問（20点）

解答

問1

売買目的有価証券

日	付		摘要	借方	日	付		摘要	貸方
×1	5	1	(ア)当座預金	480,000	×1	12	1	(ア)当座預金	288,000
×2	3	31	(オ)有価証券評価益	3,000	×2	3	31	(コ)次期繰越	195,000
				483,000					483,000

満期保有目的債券

日	付		摘要	借方	日	付		摘要	貸方
×1	7	1	(ア)当座預金	760,000	×2	3	31	(コ)次期繰越	766,000
×2	3	31	(エ)有価証券利息	6,000					
				766,000					766,000

有価証券利息

日	付		摘要	借方	日	付		摘要	貸方
×1	5	1	(ア)当座預金	500	×1	9	30	(ア)当座預金	3,000
×2	3	31	(ケ)損益	15,700		12	1	(ア)当座預金	600
						12	31	(ア)当座預金	3,600
					×2	3	31	当座預金	1,200
						3	31	未収有価証券利息	1,800
						3	31	(ウ)満期保有目的債券	6,000
				16,200					16,200

問2

借方		貸方	
記号	金額	記号	金額
(ア)その他有価証券	32,000	(エ)その他有価証券評価差額金	22,400
		(ウ)繰延税金負債	9,600

問3　有価証券売却（損・益）：¥ 3,000

※「損」または「益」を○で囲むこと。

問1と問3は□1つにつき各2点、
問2は仕訳1つにつき2点、合計20点

解説

有価証券に関する勘定記入等の問題です。

1 取引の仕訳

(1) ×1年5月1日（A社社債の購入）

（売買目的有価証券）	480,000*1	（当　座　預　金）	480,500
（有価証券利息）	500*2		

＊1　$500{,}000\text{円} \times \frac{96\text{円}}{100\text{円}} = 480{,}000\text{円}$

＊2　$500{,}000\text{円} \times 1.2\% \times \frac{1\text{か月}}{12\text{か月}} = 500\text{円}$

(2) ×1年7月1日（B社社債の購入）

（満期保有目的債券）	760,000*	（当　座　預　金）	760,000

＊　$800{,}000\text{円} \times \frac{95\text{円}}{100\text{円}} = 760{,}000\text{円}$

(3) ×1年9月30日（A社社債の利払日）

（当　座　預　金）	3,000	（有価証券利息）	3,000*

＊　$500{,}000\text{円} \times 1.2\% \times \frac{6\text{か月}}{12\text{か月}} = 3{,}000\text{円}$

(4) ×1年11月1日（C社株式の購入）

（その他有価証券）	400,000*	（当　座　預　金）	400,000

＊　@500円×800株＝400,000円

(5) ×1年12月1日（売買目的有価証券の売却）…問3の答え

（当　座　預　金）	291,600*4	（売買目的有価証券）	288,000*1
		（有価証券利息）	600*2
		（有価証券売却益）	3,000*3

＊1　$480{,}000\text{円} \times \frac{300{,}000\text{円}}{500{,}000\text{円}} = 288{,}000\text{円}$

＊2　$300{,}000\text{円} \times 1.2\% \times \frac{2\text{か月}}{12\text{か月}} = 600\text{円}$

＊3　売却価額：$300{,}000\text{円} \times \frac{97\text{円}}{100\text{円}} = 291{,}000\text{円}$

売却損益：291,000円－288,000円＝3,000円（売却益）

＊4　291,000円＋600円＝291,600円

(6) ×1年12月31日（B社社債の利払日）

（当　座　預　金）	3,600	（有価証券利息）	3,600*

＊　$800{,}000\text{円} \times 0.9\% \times \frac{6\text{か月}}{12\text{か月}} = 3{,}600\text{円}$

(7)　×2年３月31日（Ａ社社債の利払日）

12月１日に額面総額300,000円を売却しているので、額面総額200,000円（500,000円－300,000円）に対応する利息を計上します。

（当　座　預　金）	1,200	（有価証券利息）	1,200*

＊　200,000円×1.2%×$\frac{6か月}{12か月}$＝1,200円

(8)　×2年３月31日（決算：Ａ社社債）

（売買目的有価証券）	3,000	（有価証券評価益）	3,000*

＊　①期末残高：480,000円－288,000円＝192,000円
②期末時価：200,000円×$\frac{97.5円}{100円}$＝195,000円
③有価証券評価損益：195,000円－192,000円＝3,000円（評価益）

(9)　×2年３月31日（決算：Ｂ社社債）

①　未収有価証券利息の計上

×2年１月１日から３月31日までの３か月分の利息を未収計上します。

（未収有価証券利息）	1,800	（有価証券利息）	1,800*

＊　800,000円×0.9%×$\frac{3か月}{12か月}$＝1,800円

②　償却原価法による帳簿価額の調整

取得原価と額面金額との差額を償還期間（５年間）にわたって償却します。なお、当期の保有期間は９か月（７月１日から３月31日まで）です。

（満期保有目的債券）	6,000*	（有価証券利息）	6,000

＊　(800,000円－760,000円)÷５年×$\frac{9か月}{12か月}$＝6,000円

(10)　×2年３月31日（決算：Ｃ社株式）…問２の答え

評価差額の計上：	（その他有価証券）	32,000	（その他有価証券評価差額金）	32,000*1
税効果の仕訳：	（その他有価証券評価差額金）	9,600*2	（繰延税金負債）	9,600

純資産項目

＊１　①取得原価：400,000円
②時　　価：@540円×800株＝432,000円
③評価差額：432,000円－400,000円＝32,000円（評価差益）

＊２　32,000円×30%＝9,600円

第3問 (20点)

解答

貸借対照表

×6年12月31日

(単位：円)

資産の部			負債の部		
I 流動資産			I 流動負債		
1 現金預金		(159,500)	1 支払手形		170,000
2 受取手形	100,000		2 買掛金		173,900
3 売掛金	(200,000)		3 未払法人税等		(333,100)
計	(300,000)		4 未払金		(33,000)
貸倒引当金	(9,000)	(291,000)	5 商品保証引当金		(23,600)
4 有価証券		(373,500)	6 リース債務		(44,000)
5 商品		(112,800)	流動負債合計		(777,600)
6 (未収)収益		(1,750)	II 固定負債		
流動資産合計		(938,550)	1 リース債務		(132,000)
II 固定資産			2 繰延税金負債		(16,000)
1 有形固定資産			固定負債合計		(148,000)
(1) 建物	1,200,000		負債合計		(925,600)
減価償却累計額	(432,000)	(768,000)			
(2) 備品	350,000		純資産の部		
減価償却累計額	(170,800)	(179,200)	I 株主資本		
(3) 車両	(220,000)		1 資本金		988,000
減価償却累計額	(44,000)	(176,000)	2 資本剰余金		
2 投資その他の資産			(1) 資本準備金		(144,000)
(1) 長期貸付金		(350,000)	3 利益剰余金		
(2) 投資有価証券		(411,000)	(1) 利益準備金	(152,000)	
(3) 関係会社株式		(120,000)	(2) (繰越利益剰余金)	(709,150)	(861,150)
固定資産合計		(2,004,200)	株主資本合計		(1,993,150)
			II 評価・換算差額等		
			1 その他有価証券評価差額金		(24,000)
			純資産合計		(2,017,150)
資産合計		(2,942,750)	負債及び純資産合計		(2,942,750)

1つにつき各2点、合計20点

解説

貸借対照表を作成する問題です。

決算整理仕訳を示すと次のとおりです。なお、B/S は貸借対照表 (Balance Sheet) を表します。

1 当座預金の修正

費用の支払いのために振り出した小切手が未渡しのときは**未払金［負債］**で処理します。

（当　座　預　金）	25,000	（未　　払　　金）	25,000

B/S　未 払 金：8,000円＋25,000円＝33,000円

2 商品保証引当金の取り崩し

前期に販売した商品の修理代金なので、設定している商品保証引当金を取り崩します。

（商品保証引当金）	7,200	（現　　　　　金）	7,200

B/S　現金預金：141,700円＋25,000円－7,200円＝159,500円

3 外貨建て売掛金の換算

外貨建て金銭債権債務については、決算時の為替相場で換算しますが、為替予約が付されている場合には、換算替えを行いません。

仕訳なし

4 貸倒引当金の設定

受取手形および売掛金の期末残高に対して貸倒引当金を設定します。

B/S　貸倒引当金：(100,000円＋200,000円)×３％＝9,000円

貸倒引当金繰入：9,000円－8,000円＝1,000円

（貸倒引当金繰入）	1,000	（貸　倒　引　当　金）	1,000

5 売上原価の算定

期末商品帳簿棚卸高から棚卸減耗損と商品評価損を差し引いて貸借対照表の商品の金額を計算します。

B/S　商　　品：125,000円－5,000円－7,200円＝112,800円

6 売買目的有価証券の評価替え

売買目的有価証券を時価に評価替えします。なお、貸借対照表のみを作成する場合は、時価合計で貸借対照表価額を計算することができます。また、売買目的有価証券は貸借対照表上では、「有価証券」として表示します。

B/S　有価証券：@2,220円×100株+@1,010円×150株=373,500円

	時　価		帳簿価額	
甲社株式	@2,220円×100株 =222,000円		@2,000円×100株 =200,000円	
乙社株式	@1,010円×150株 =151,500円		@1,250円×150株 =187,500円	
合　計	373,500円	−	387,500円	=△14,000円（評価損）

（有価証券評価損）	14,000	（売買目的有価証券） 有価証券	14,000

7 満期保有目的債券の評価

償却原価法（定額法）によって評価します。満期保有目的債券は前期首（×5年1月1日）に取得しており、取得日から満期日（×12年12月31日）までの期間が8年なので、金利調整差額を8年間で償却します。なお、満期保有目的債券は貸借対照表上では、「投資有価証券」として表示します。

取得原価：300,000円×$\frac{96円}{100円}$=288,000円

当期償却額：（300,000円−288,000円）÷8年=1,500円

（満期保有目的債券） 投資有価証券	1,500	（有価証券利息）	1,500

満期保有目的債券：289,500円+1,500円=291,000円

8 その他有価証券の評価

その他有価証券を時価に評価替えします。評価差額はその他有価証券評価差額金として、純資産の部に計上します。なお、評価差額に対して税効果会計を適用します。また、その他有価証券は貸借対照表上では、「投資有価証券」として表示します。

評価差額：120,000円−80,000円=40,000円
　　　　　時価　　　帳簿価額

税効果の金額：40,000円×40％＝16,000円

その他有価証券：80,000円＋40,000円＝120,000円

評価差額の計上：

（その他有価証券） 投資有価証券	40,000	（その他有価証券評価差額金）	40,000

税効果の仕訳：

（その他有価証券評価差額金）	16,000	（繰延税金負債）	16,000

B/S　投資有価証券：291,000円＋120,000円＝411,000円
満期保有目的債券

B/S　繰延税金負債：16,000円

B/S　その他有価証券評価差額金：40,000円－16,000円＝24,000円

9　子会社株式の評価

子会社株式は取得原価をもって貸借対照表価額とします。したがって、評価替えを行いません。なお、子会社株式は貸借対照表上では、「関係会社株式」として表示します。

B/S　関係会社株式：120,000円
取得原価

10　固定資産の減価償却

建物については定額法、備品については定率法によって減価償却をします。また、リース資産である車両（当期に取得）は、計上価額をリース期間で定額法によって償却します。

建物の減価償却費：1,200,000円×0.9÷30年＝36,000円

備品の減価償却費：（350,000円－126,000円）×20％＝44,800円

車両（リース資産）の減価償却費：220,000円÷５年＝44,000円

（減価償却費）	124,800	（建物減価償却累計額）	36,000
		（備品減価償却累計額）	44,800
		（車両減価償却累計額）	44,000

B/S　（建物）減価償却累計額：396,000円＋36,000円＝432,000円

B/S　（備品）減価償却累計額：126,000円＋44,800円＝170,800円

B/S　（車両）減価償却累計額：44,000円

11 受取利息の未収計上

×6年11月１日から×6年12月31日までの２か月分の受取利息を未収計上します。未収利息は貸借対照表上、「未収収益」として表示します。

B/S　未収収益：350,000円×３％×$\frac{２か月}{12か月}$＝1,750円

（未　収　収　益）	1,750	（受　取　利　息）	1,750

なお、長期貸付金は一年基準の適用により、固定資産に表示します。

B/S　長期貸付金（固定資産）：350,000円

12 商品保証引当金の設定

商品保証引当金20,800円を繰り入れます。

（商品保証引当金繰入）	20,800	（商品保証引当金）	20,800

B/S　商品保証引当金：10,000円－7,200円＋20,800円＝23,600円
2 取り崩し

13 リース債務の表示

リース債務残高のうち、44,000円は支払日（×7年12月31日）が決算日の翌日（×7年１月１日）から１年以内であるため、流動負債に表示します。残りの132,000円（176,000円－44,000円）は支払日が決算日の翌日（×7年１月１日）から１年超であるため、固定負債に表示します。

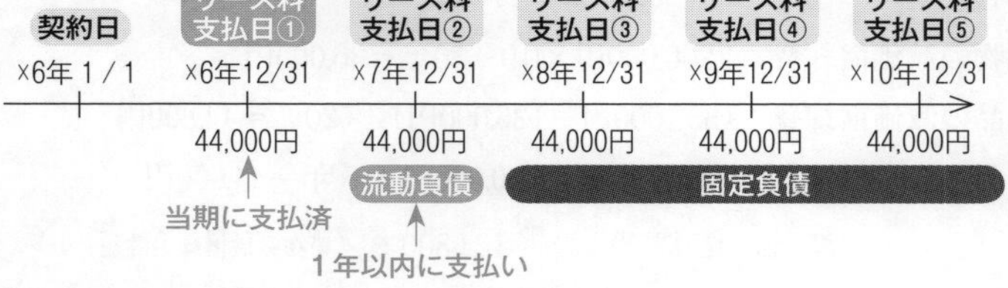

B/S　リース債務（流動負債）：44,000円

B/S　リース債務（固定負債）：132,000円

14 法人税等の計上

法人税等の課税見込額433,100円を法人税、住民税及び事業税として計上します。

なお、仮払法人税等100,000円があるため、433,100円と100,000円の差額が未払法人税等となります。

(法人税、住民税及び事業税)	433,100	(仮払法人税等)	100,000
		(未払法人税等)	333,100

B/S　未払法人税等：333,100円

最後に、貸借対照表の貸借差額で繰越利益剰余金を計算します。

B/S　繰越利益剰余金：2,942,750円（借方合計）－(925,600円（負債合計）＋1,308,000円（繰越利益剰余金以外の純資産合計）)＝709,150円

模擬試験

第5回

第**4**問（28点）

解答

(1)

	借方		貸方	
	記号	金額	記号	金額
1	(オ)材料消費価格差異	1,750	(ア)材料	1,750
2	(エ)仕掛品	1,600,000	(イ)賃金	1,600,000
3	(カ)本社	3,000,000	(エ)仕掛品	3,000,000

(2)

問1　月次予算部門別配賦表　（単位：円）

摘要	合計	製造部門		補助部門		
		第1製造部門	第2製造部門	修繕部門	材料倉庫部門	工場事務部門
部門費	17,670,000	8,321,200	6,262,800	1,015,000	1,358,000	713,000
修繕部門費	1,015,000	725,000	290,000			
材料倉庫部門費	1,358,000	776,000	582,000			
工場事務部門費	713,000	427,800	285,200			
製造部門費	17,670,000	10,250,000	7,420,000			

問2　第1製造部門の予定配賦額　10,045,000　円

問3　第2製造部門の配賦差異　136,000　円　（ 借方 ・ 貸方 ）差異

※　借方差異ならば「借方」に、貸方差異ならば「貸方」に○をつけること。

(1)は仕訳1つにつき各4点、
(2)は　　1つにつき各2点、
合計28点

解説

(1)　工業簿記の仕訳問題

工業簿記の仕訳問題です。

1 材料消費価格差異の計上

総平均法によって実際消費単価を計算し、予定消費単価と実際消費単価の差に実際消費量を掛けて、材料消費価格差異を計算します。

実際消費単価：$\frac{41,750\text{円}+401,000\text{円}}{50\text{kg}+500\text{kg}}$＝@805円

材料消費価格差異：（@800円－@805円）×350kg

＝△1,750円（不利差異・借方差異）

なお、予定消費額と実際消費額の差額によって材料消費価格差異を計算することもできます。

予定消費額：@800円×350kg＝280,000円

実際消費額：@805円×350kg＝281,750円

材料消費価格差異：280,000円－281,750円

＝△1,750円（不利差異・借方差異）

2 標準原価計算（シングル・プラン）

シングル・プランでは、各費目の勘定から仕掛品勘定に標準原価で振り替えます。

1個あたり標準直接労務費：@1,600円×0.5時間＝@800円

振替額：@800円×2,000個＝1,600,000円

3 本社工場会計

本社工場会計で、工場の仕訳が問われています。取引の仕訳と工場の仕訳を示すと、次のようになります。

取引の仕訳：	（製品）	3,000,000	（仕掛品）	3,000,000
	（現金など）	4,200,000	（売上）	4,200,000
	（売上原価）	3,000,000	（製品）	3,000,000
工場の仕訳：	（本社）	3,000,000	（仕掛品）	3,000,000

(2) 製造間接費の部門別配賦

製造間接費の部門別配賦の問題です。

1 補助部門費の配賦

直接法によって補助部門費を製造部門に配賦します。

(1) 修繕部門費の配賦

$$\begin{matrix}\text{第1製造部門：}\\\text{第2製造部門：}\end{matrix}\ \frac{1{,}015{,}000\text{円}}{50\text{回}+20\text{回}}\times\begin{cases}50\text{回}=725{,}000\text{円}\\20\text{回}=290{,}000\text{円}\end{cases}$$

(2) 材料倉庫部門費の配賦

$$\begin{matrix}\text{第1製造部門：}\\\text{第2製造部門：}\end{matrix}\ \frac{1{,}358{,}000\text{円}}{800{,}000\text{円}+600{,}000\text{円}}\times\begin{cases}800{,}000\text{円}=776{,}000\text{円}\\600{,}000\text{円}=582{,}000\text{円}\end{cases}$$

(3) 工場事務部門費の配賦

$$\begin{matrix}\text{第1製造部門：}\\\text{第2製造部門：}\end{matrix}\ \frac{713{,}000\text{円}}{120\text{人}+80\text{人}}\times\begin{cases}120\text{人}=427{,}800\text{円}\\80\text{人}=285{,}200\text{円}\end{cases}$$

2 予定配賦額

1の月次予算配賦表から予定配賦率と予定配賦額を計算し、予定配賦額と実際発生額の差額で配賦差異を計算します。

(1) 予定配賦率

第1製造部門：10,250,000円 ÷ 5,000時間 = @2,050円

第2製造部門：7,420,000円 ÷ 7,000時間 = @1,060円

(2) 予定配賦額

予定配賦率に実際機械作業時間を掛けて予定配賦額を計算します。

第1製造部門：@2,050円 × 4,900時間 = 10,045,000円

第2製造部門：@1,060円 × 6,800時間 = 7,208,000円

3 製造部門費配賦差異

2の予定配賦額と実際配賦額の差額で配賦差異を計算します。

$$\text{第1製造部門：}\underbrace{10{,}045{,}000\text{円}}_{\text{予定配賦額}}-\underbrace{@2{,}046\text{円}\times4{,}900\text{時間}}_{\text{実際配賦額}}$$

= 19,600円（貸方差異・有利差異）

$$\text{第2製造部門：}\underbrace{7{,}208{,}000\text{円}}_{\text{予定配賦額}}-\underbrace{@1{,}080\text{円}\times6{,}800\text{時間}}_{\text{実際配賦額}}$$

= △136,000円（借方差異・不利差異）

第5問（12点）

解答

問1	価格差異	690,000	円	(借方・**貸方**) 差異
問2	標準直接作業時間	8,600	時間	
問3	作業時間差異	320,000	円	(**借方**・貸方) 差異
問4	予算差異	450,000	円	(**借方**・貸方) 差異
	操業度差異	280,000	円	(**借方**・貸方) 差異
	能率差異	480,000	円	(**借方**・貸方) 差異

1つにつき各2点、
合計12点

解説

標準原価計算の差異分析の問題です。

問1 価格差異

仕掛品のボックス図（直接材料費のボックス図）と直接材料費の差異分析図を作成すると次のとおりです。

仕　掛　品（直接材料費）

月初 0個	完成 4,100個
当月 4,500個	月末 400個

標準消費量：3kg×4,500個＝13,500kg

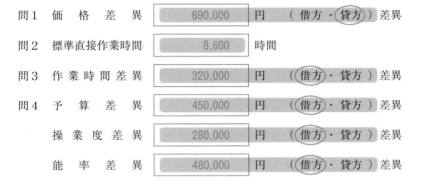

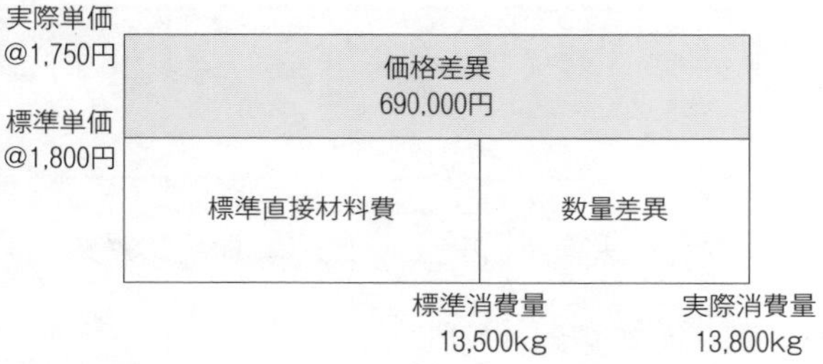

価格差異：（@1,800円－@1,750円）×13,800kg＝690,000円（貸方差異・有利差異）

問２　標準直接作業時間

仕掛品のボックス図（加工費のボックス図）を作成すると次のとおりです。

＊１　400個×50％＝200個
＊２　4,100個＋200個＝4,300個

標準直接作業時間：２時間×4,300個＝8,600時間

問３　作業時間差異

直接労務費の差異分析図を作成すると次のとおりです。

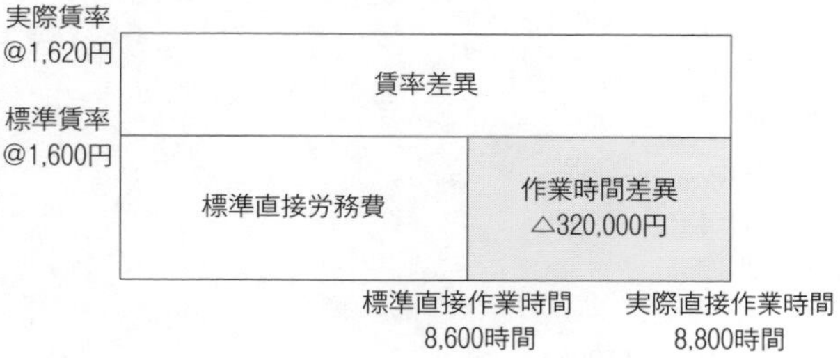

作業時間差異：@1,600円×（8,600時間－8,800時間）
＝△320,000円（借方差異・不利差異）

問4 製造間接費差異の分析

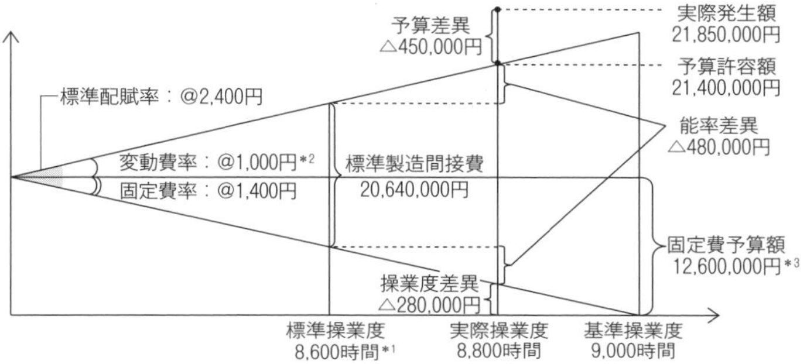

＊1　標準操業度：標準直接作業時間

＊2　変動費率：@2,400円－@1,400円＝@1,000円

＊3　固定費予算額（月間）：@1,400円×9,000時間＝12,600,000円

予算許容額：@1,000円（変動費率）×8,800時間（実際操業度）＋12,600,000円（固定費予算額）＝21,400,000円

予 算 差 異：21,400,000円－21,850,000円＝△450,000円（借方差異・不利差異）

操業度差異：@1,400円（固定費率）×（8,800時間（実際操業度）－9,000時間（基準操業度））＝△280,000円（借方差異・不利差異）

能 率 差 異：@2,400円（標準配賦率）×（8,600時間（標準操業度）－8,800時間（実際操業度））＝△480,000円（借方差異・不利差異）

模擬試験　第6回 解答解説

第1問（20点）

解答

	借方		貸方	
	記号	金額	記号	金額
1	(イ)営業外受取手形	60,000	(ウ)備品	300,000
	(キ)備品減価償却累計額	225,000		
	(オ)減価償却費	12,500		
	(カ)固定資産売却損	2,500		
2	(イ)買掛金	250,000	(エ)電子記録債権	250,000
3	(エ)資本準備金	1,500,000	(カ)繰越利益剰余金	2,000,000
	(オ)利益準備金	500,000		
4	(イ)売掛金	65,000	(オ)売上	65,000
	(キ)売上原価	50,000	(ウ)商品	50,000
5	(ウ)リース債務	50,000	(ア)当座預金	60,000
	(カ)支払利息	10,000		
	(オ)減価償却費	50,000	(キ)リース資産減価償却累計額	50,000

仕訳1つにつき各4点、
合計20点

解説

1 固定資産の売却

商品以外のものを売却して、約束手形を受け取ったときは、**営業外受取手形**［資産］で処理します。

200％定率法の償却率：$\frac{1}{4年} \times 200\% = 0.5$

×1年4月1日から×2年3月31日までの減価償却費：

300,000円×0.5＝150,000円

×2年4月1日から×3年3月31日までの減価償却費：

（300,000円－150,000円）×0.5＝75,000円

前期末の減価償却累計額：150,000円＋75,000円＝225,000円

×3年４月１日から×3年７月31日までの減価償却費：

$$(300{,}000円 - 225{,}000円) \times 0.5 \times \frac{4か月}{12か月} = 12{,}500円$$

2 電子記録債権の譲渡

所有する電子記録債権を譲渡したときは、**電子記録債権**［資産］の減少で処理します。

3 株主資本の計数変動

問題文の指示にしたがって、**資本準備金**［純資産］と**利益準備金**［純資産］を取り崩して（借方に記入して）**繰越利益剰余金**［純資産］に振り替えます。

4 売上原価対立法の処理

売上原価対立法を採用している場合、商品を売り上げたときに、売価で**売上**［収益］を計上するとともに、その商品の原価を**商品**［資産］から**売上原価**［費用］に振り替えます。

5 ファイナンス・リース取引

(1) リース取引の開始時

ファイナンス・リース取引を開始したときは、**リース資産**［資産］を計上するとともに、**リース債務**［負債］を計上します。本問は利子抜き法なので、**リース資産**［資産］として計上する価額は見積現金購入価額（250,000円）となります。

（リース資産）	250,000	（リース債務）	250,000

(2) リース料の支払時、決算時

リース料を支払ったときは、支払ったリース料の分だけ**リース債務**［負債］を減少させます（本問ではリース契約を期首に行っているため、年数で按分します）。また、利子抜き法で処理している場合には、リース料総額に含まれる利息相当額を**支払利息**［費用］として計上します。

減少するリース債務：250,000円÷５年＝50,000円

利　息　総　額：60,000円×５年－250,000円＝50,000円

毎 期 の 支 払 利 息：50,000円÷５年＝10,000円

なお、決算時にはリース資産の価額をもとに、耐用年数をリース期間、残存価額をゼロとして減価償却を行います。

減価償却費：250,000円÷５年＝50,000円

第2問 (20点)

解答

連結貸借対照表　　(単位：千円)

資産	金額	負債・純資産	金額
現金預金	86,000	買掛金	49,300
売掛金	185,000	未払金	20,000
貸倒引当金	△　3,700	資本金	100,000
商品	196,000	資本剰余金	25,000
土地	130,000	利益剰余金	356,200
(のれん)	1,600	非支配株主持分	44,400
	594,900		594,900

連結損益計算書　　(単位：千円)

借方科目	金額	貸方科目	金額
売上原価	316,000	売上高	734,000
販売費・一般管理費	177,000	営業外収益	1,500
のれん償却	200		
非支配株主に帰属する当期純利益	29,400		
親会社株主に帰属する当期純利益	212,900		
	735,500		735,500

１つにつき各２点、合計20点

解説

（仕訳の単位：千円）

連結第２年度における連結財務諸表を作成する問題です。商品はダウンストリーム、土地はアップストリームであることに注意してください。

本問は連結株主資本等変動計算書を作成しないので、連結修正仕訳は「当期首残高」や「当期変動額」をつけずに仕訳することができます。

1 支配獲得時の連結修正仕訳

支配獲得時（×1年３月31日）には、投資と資本の相殺消去をします。

（資本金）	25,000	（S社株式）	30,000
（資本剰余金）	6,000	（非支配株主持分）	12,000[*1]
（利益剰余金）	9,000		
（のれん）	2,000[*2]		

＊１　（25,000千円＋6,000千円＋9,000千円）×30％＝12,000千円
＊２　貸借差額

2 連結第１年度の連結修正仕訳

⑴ 開始仕訳

支配獲得時に行った連結修正仕訳（投資と資本の相殺消去）を再度行います（開始仕訳）。

（資本金）	25,000	（S社株式）	30,000
（資本剰余金）	6,000	（非支配株主持分）	12,000
（利益剰余金）	9,000		
（のれん）	2,000		

⑵ 連結第１年度の連結修正仕訳

連結第１年度の連結修正仕訳をします。

① のれんの償却

（のれん償却）	200[*]	（のれん）	200

＊　2,000千円÷10年＝200千円

② 子会社の当期純損益の振り替え

（非支配株主に帰属する当期純利益）	4,500	（非支配株主持分）	4,500[*]

＊　15,000千円×30％＝4,500千円

3 連結第２年度の連結修正仕訳

(1) 開始仕訳

連結第１年度に行った連結修正仕訳（2）を再度行います（開始仕訳）。

（資本金）	25,000	（S社株式）	30,000
（資本剰余金）	6,000	（非支配株主持分）	16,500＊3
（利益剰余金）	13,700＊1		
（のれん）	1,800＊2		

＊1　9,000千円＋200千円＋4,500千円＝13,700千円
　　利益剰余金（当期首残高）　のれん償却　非支配株主に帰属する当期純利益

＊2　2,000千円－200千円＝1,800千円

＊3　12,000千円＋4,500千円＝16,500千円
　　非支配株主持分（当期首残高）　非支配株主持分（当期変動高）

(2) 連結第２年度の連結修正仕訳

連結第２年度の連結修正仕訳をします。

① のれんの償却

（のれん償却）	200＊	（のれん）	200

＊　2,000千円÷10年＝200千円

② 子会社の当期純損益の振り替え

（非支配株主に帰属する当期純利益）	28,200	（非支配株主持分）	28,200＊

＊　94,000千円×30％＝28,200千円
　　S社の個別P/L当期純利益

③ 子会社の配当金の修正

（受取配当金） 営業外収益	3,500＊1	（利益剰余金）	5,000
（非支配株主持分）	1,500＊2		

＊1　5,000千円×70％＝3,500千円
＊2　5,000千円×30％＝1,500千円

④ 売上高と売上原価の相殺消去

（売上高）	96,000	（売上原価）	96,000

⑤　商品に含まれる未実現利益の消去（ダウンストリーム）

期首分：

（利益剰余金）	2,000	（商　　品）	2,000*1
（商　　品）	2,000	（売上原価）	2,000

期末分：

（売上原価）	4,000	（商　　品）	4,000*2

＊1　12,000千円×$\frac{0.2}{1.2}$＝2,000千円

＊2　24,000千円×$\frac{0.2}{1.2}$＝4,000千円

⑥　土地に含まれる未実現損益の消去（アップストリーム）

アップストリームなので、消去した未実現損益（土地売却損）を非支配株主にも負担させます。

（土　　地）	4,000*1	（土地売却損）	4,000
（非支配株主に帰属する当期純利益）	1,200	（非支配株主持分）	1,200*2

土地売却損：損益項目
非支配株主に帰属する当期純利益：損益項目

＊1　20,000千円－16,000千円＝4,000千円

＊2　4,000千円×30%＝1,200千円

⑦　債権債務の相殺

（買　掛　金）	25,000	（売　掛　金）	25,000
（未　払　金）	5,000	（未 収 入 金）	5,000

4　解答の金額

(1)　連結損益計算書

①　売　上　高：530,000千円＋300,000千円－96,000千円＝734,000千円
（530,000千円：P社　300,000千円：S社　96,000千円：売上高と売上原価の相殺消去）

②　売上原価：270,000千円＋140,000千円－96,000千円
（270,000千円：P社　140,000千円：S社　96,000千円：売上高と売上原価の相殺消去）

－2,000千円＋4,000千円＝316,000千円
（2,000千円：期首商品に含まれる未実現利益　4,000千円：期末商品に含まれる未実現利益）

③　のれん償却：200千円

④　営業外収益：5,000千円－3,500千円＝1,500千円
（5,000千円：P社　3,500千円：受取配当金）

⑤ 非支配株主に帰属する当期純利益：28,200千円＋1,200千円

＝29,400千円

(2) 連結貸借対照表

① 売　掛　金：150,000千円＋60,000千円－25,000千円＝185,000千円

P社　S社　債権債務の相殺

② 商　　　品：120,000千円＋80,000千円－2,000千円＋2,000千円

P社　S社　期首商品に含まれる未実現利益

－4,000千円＝196,000千円

期末商品に含まれる未実現利益

③ 土　　　地：86,000千円＋40,000千円＋4,000千円＝130,000千円

P社　S社　土地に含まれる未実現損益の消去

④ の　れ　ん：1,800千円－200千円＝1,600千円

のれん償却

⑤ 買　掛　金：33,500千円＋40,800千円－25,000千円＝49,300千円

P社　S社　債権債務の相殺

⑥ 未　払　金：22,000千円＋3,000千円－5,000千円＝20,000千円

P社　S社　債権債務の相殺

⑦ 非支配株主持分：

非支配株主持分当期首残高（開始仕訳）：	16,500千円
非支配株主持分当期変動額：	
（子会社当期純損益の振り替え）	28,200千円
（配当金の修正）	△ 1,500千円
（土地に含まれる未実現損益の消去）	1,200千円
	44,400千円

⑧ 利益剰余金：貸借差額または下記

15,000千円＋270,000千円＋113,000千円

P社・利益準備金　P社・繰越利益剰余金　S社・繰越利益剰余金

－13,700千円－31,100千円＊－2,000千円＋5,000千円

開始仕訳　当期の連結修正仕訳の損益項目合計　利益剰余金（期首商品）　利益剰余金（配当金の修正）

＝356,200千円

＊ 当期の連結修正仕訳の損益項目合計：

借方：200千円＋28,200千円＋3,500千円＋96,000千円＋4,000千円

のれん償却　非支配株主に帰属する当期純利益　受取配当金　売上高　売上原価（期末商品）

＋1,200千円＝133,100千円

非支配株主に帰属する当期純利益

貸方：96,000千円＋2,000千円＋4,000千円＝102,000千円
売上原価　売上原価（期首商品）　土地売却損

差額：133,100千円－102,000千円＝31,100千円（借方）

第3問（20点）

解答

損　益

日付		摘　要	金　額	日付		摘　要	金　額
3	31	仕入	1,114,000	3	31	売上	2,500,000
	〃	棚卸減耗損	21,600		〃	有価証券利息	13,600
	〃	商品評価損	6,400		〃	受取配当金	6,000
	〃	給料	250,000		〃	有価証券売却益	4,000
	〃	支払家賃	200,000		〃	(保険差益)	50,000
	〃	広告宣伝費	66,000		〃	支店	12,400
	〃	貸倒引当金繰入	1,000				
	〃	減価償却費	40,000				
	〃	有価証券(評価損)	27,000				
	〃	ソフトウェア償却	10,000				
	〃	(繰越利益剰余金)	850,000				
			2,586,000				2,586,000

1つにつき各2点、合計20点

解説

本支店会計における本店の損益勘定を完成させる問題です。

本店の損益勘定のみ記入すればよいのですが、支店の純損益を本店の損益勘定に振り替えるため、下書用紙に支店の損益勘定を書く必要があります。

未処理事項の仕訳と決算整理仕訳を示すと次のとおりです。

Ⅰ．未処理事項

未処理側の仕訳のみします。

1 売掛金の回収（本店）

本店	（普　通　預　金）	30,000	（売　　掛　　金）	30,000

2 現金の受け取り（支店）

支店	（現　　　　　金）	20,000	（本　　　　　店）	20,000

3 商品の到達（支店）

支店	（仕　　　　　入）	40,000	（本　　　　　店）	40,000

4 未決算の処理（本店）

本店	（未　収　入　金）	200,000	（未　　決　　算）	150,000
			（保　険　差　益）	50,000

Ⅱ．決算整理事項

決算整理仕訳は次のとおりです。

1 売上原価の算定

売上原価を算定する仕訳は次のとおりです。

【本店】

期末商品棚卸高：@720円×350個＝252,000円

棚　卸　減　耗　損：@720円×（350個－320個）＝21,600円

商　品　評　価　損：（@720円－@700円）×320個＝6,400円

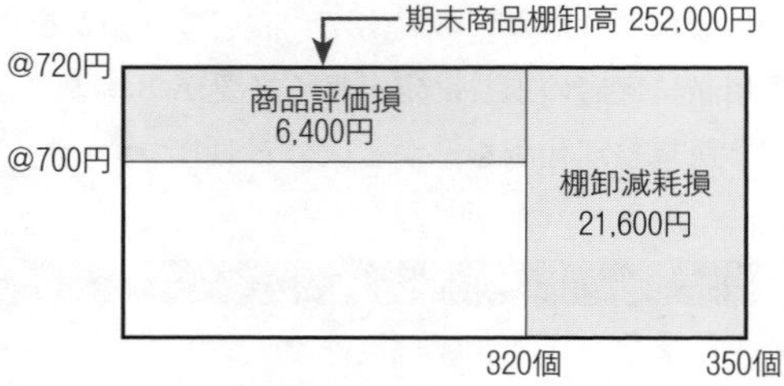

本店	(仕　　入)	216,000	(繰越商品)	216,000
	(繰越商品)	252,000	(仕　　入)	252,000
	(棚卸減耗損)	21,600	(繰越商品)	21,600
	(商品評価損)	6,400	(繰越商品)	6,400

【支店】

期末商品棚卸高：@330円×400個＝132,000円

棚 卸 減 耗 損：@330円×（400個－380個）＝6,600円

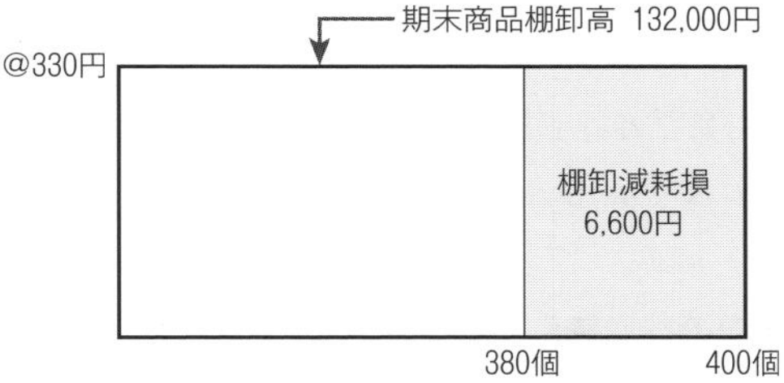

支店	(仕　　入)	148,000	(繰越商品)	148,000
	(繰越商品)	132,000	(仕　　入)	132,000
	(棚卸減耗損)	6,600	(繰越商品)	6,600

2 貸倒引当金の設定

売掛金の期末残高に対して貸倒引当金を設定します。

本店	(貸倒引当金繰入)	1,000	(貸倒引当金)	1,000

貸倒引当金：（330,000円－30,000円）×２％＝6,000円

Ⅰ 1

貸倒引当金繰入：6,000円－5,000円＝1,000円

支店	(貸倒引当金繰入)	2,000	(貸倒引当金)	2,000

貸倒引当金：260,000円×２％＝5,200円

貸倒引当金繰入：5,200円－3,200円＝2,000円

3 固定資産の減価償却

備品を定額法により減価償却します。

本店	（減価償却費）	40,000	（備品減価償却累計額）	40,000

減価償却費：200,000円÷５年＝40,000円

支店	（減価償却費）	20,000	（備品減価償却累計額）	20,000

減価償却費：100,000円÷５年＝20,000円

4 売買目的有価証券の評価替え

売買目的有価証券を時価に評価替えします。

本店	（有価証券評価損）	27,000	（売買目的有価証券）	27,000

有価証券評価損益：260,000円（時価）－287,000円（帳簿価額）＝△27,000円（評価損）

5 満期保有目的債券の評価替え（償却原価法）

２年前の期首に取得した、償還期間が５年の債券なので、額面金額と帳簿価額の差額をあと３年（５年－２年）で償却します。

本店	（満期保有目的債券）	4,000	（有価証券利息）	4,000

当期償却額：(400,000円－388,000円)÷３年＝4,000円

6 ソフトウェアの償却

前期の期首に取得したソフトウェアを、５年間で均等償却しているので、帳簿価額をあと４年（５年－１年）で償却します。

本店	（ソフトウェア償却）	10,000	（ソフトウェア）	10,000

当期償却額：40,000円÷４年＝10,000円

7 広告宣伝費の振り替え

本店の広告宣伝費のうち30,000円を支店に振り替えます。

本店	（支店）	30,000	（広告宣伝費）	30,000
支店	（広告宣伝費）	30,000	（本店）	30,000

8 家賃の前払い

本店	（前払家賃）	40,000	（支払家賃）	40,000
支店	（前払家賃）	20,000	（支払家賃）	20,000

9 支店の純利益の振り替え

支店の純利益を計算し、本店の損益勘定に振り替えます。なお、支店の損益勘定を示すと、次のとおりです。

損　益　[支店]

仕　入	486,000*1	売　上	900,000
棚卸減耗損	6,600		
給　料	185,000		
支払家賃	140,000*2		
広告宣伝費	48,000*3		
貸倒引当金繰入	2,000		
減価償却費	20,000		
本　店	12,400*4		
	900,000		900,000

＊1　430,000円＋40,000円＋148,000円－132,000円＝486,000円
　　　　　　　1 3

＊2　160,000円－20,000円＝140,000円

＊3　18,000円＋30,000円＝48,000円

＊4　貸借差額

本店	（支　店）	12,400	（損　益）	12,400
支店	（損　益）	12,400	（本　店）	12,400

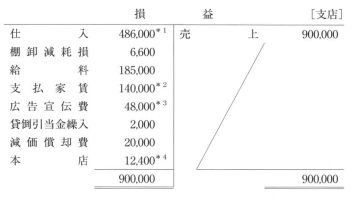

10 本店の純利益の振り替え

答案用紙の本店の損益勘定の貸借差額によって、会社全体の純利益を計算し、繰越利益剰余金勘定に振り替えます。

損　　益

日付		摘要	金額	日付		摘要	金額
3	31	仕入	1,114,000[*1]	3	31	売上	2,500,000
	〃	棚卸減耗損	21,600		〃	有価証券利息	13,600[*4]
	〃	商品評価損	6,400		〃	受取配当金	6,000
	〃	給料	250,000		〃	有価証券売却益	4,000
	〃	支払家賃	200,000[*2]		〃	（**保険差益**）	50,000
	〃	広告宣伝費	66,000[*3]		〃	支店	12,400
	〃	貸倒引当金繰入	1,000				
	〃	減価償却費	40,000				
	〃	有価証券（**評価損**）	27,000				
	〃	ソフトウェア償却	10,000				
	〃	（**繰越利益剰余金**）	850,000[*5]				
			2,586,000				2,586,000

＊1　1,150,000円＋216,000円－252,000円＝1,114,000円

＊2　240,000円－40,000円＝200,000円

＊3　96,000円－30,000円＝66,000円

＊4　9,600円＋4,000円＝13,600円

＊5　貸借差額

本店　（損　　益）　850,000　（繰越利益剰余金）　850,000

第4問 (28点)

解答

(1)

	借方		貸方	
	記号	金額	記号	金額
1	(エ) 製品	4,816,000	(オ) 仕掛品	4,816,000
2	(ア) 賃金	35,000	(エ) 賃率差異	35,000
3	(イ) 予算差異	35,000	(ア) 製造間接費	135,000
	(ウ) 操業度差異	100,000		

(2)

総合原価計算表　　(単位：円)

	第1工程		第2工程	
	原料費	加工費	前工程費	加工費
月初仕掛品	261,000	194,700	195,500	332,200
当月投入	1,250,000	2,745,600	4,273,500	2,736,800
合計	1,511,000	2,940,300	4,469,000	3,069,000
月末仕掛品	125,000	52,800	820,000	310,000
完成品	1,386,000	2,887,500	3,649,000	2,759,000

(1)は仕訳1つにつき各4点、
(2)は　　1つにつき各4点、
合計28点

解説

(1) 仕訳問題

工業簿記の仕訳問題です。

1 個別原価計算

個別原価計算において、製品が完成したときは、完成した製造指図書に集計された原価を**仕掛品勘定**から**製品勘定**に振り替えます。

No.101：1,100,000円＋720,000円＋576,000円＝2,396,000円
No.102：800,000円＋900,000円＋720,000円　＝2,420,000円
4,816,000円

2 賃率差異の計上

賃金の予定消費額と実際消費額の差額を賃率差異勘定に振り替えます。

予定消費額：@1,300円×550時間＝715,000円

実際消費額：650,000円＋100,000円－70,000円＝680,000円
当月支払額　当月未払額　前月未払額

賃 率 差 異：715,000円－680,000円＝35,000円（貸方差異・有利差異）

3 製造間接費の予定配賦（差異の計上）

製造間接費配賦差異を予算差異と操業度差異に分けて計上する処理をします。

製造間接費配賦差異：1,050,000円－1,185,000円＝△135,000円（借方差異・不利差異）
予定配賦額　実際発生額

予 算 差 異：1,150,000円－1,185,000円＝△35,000円（借方差異・不利差異）
予算額　実際発生額

操業度差異：1,050,000円－1,150,000円＝△100,000円（借方差異・不利差異）
予定配賦額　予算額

本問は変動予算か固定予算か記載がありませんが、（公式法）変動予算の場合の差異分析の図を示すと、次のようになります。

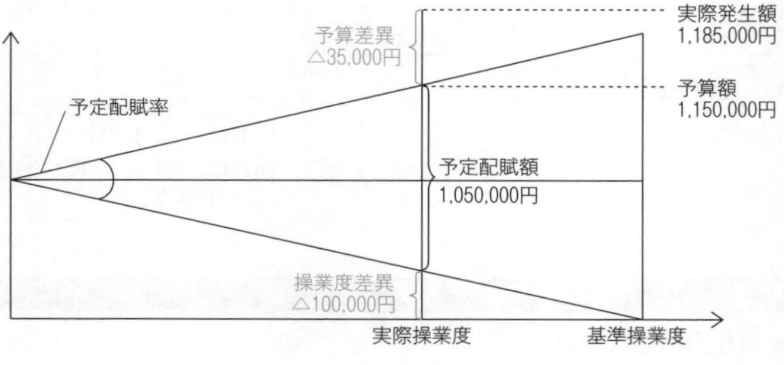

(2) 工程別総合原価計算

仕損の処理を含む工程別総合原価計算の問題です。

1 第1工程の計算

先入先出法によって、完成品総合原価等を計算します。なお、仕損費は完成品のみに負担させます。

(1) 原料費の計算〈先入先出法〉

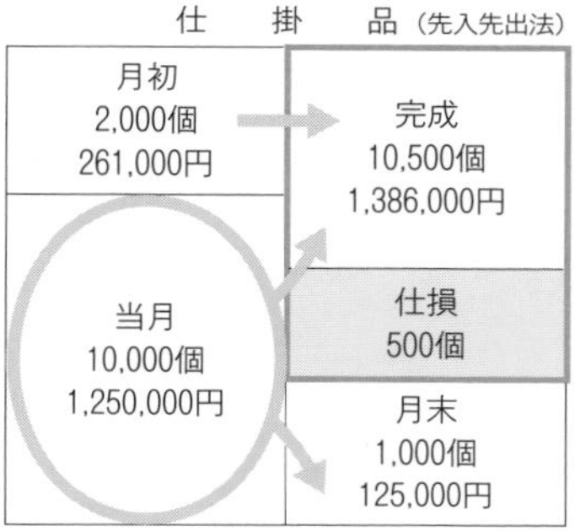

月末仕掛品：$\dfrac{1{,}250{,}000\text{円}}{10{,}000\text{個}} \times 1{,}000\text{個} = 125{,}000\text{円}$

完　成　品：261,000円＋1,250,000円－125,000円＝1,386,000円

(2) 加工費の計算〈先入先出法〉

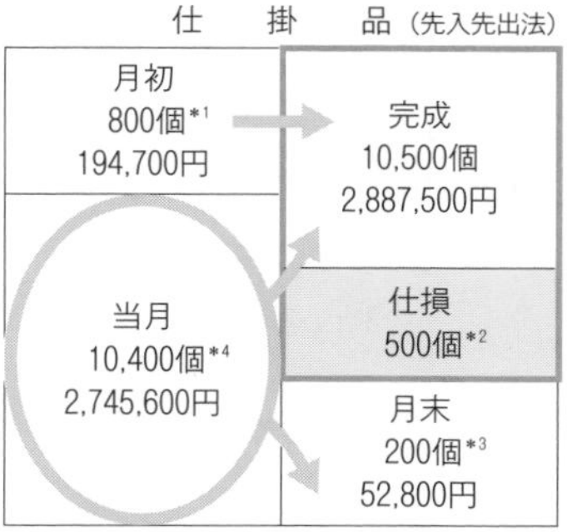

＊1　2,000個×40％＝800個
＊2　500個×100％＝500個
＊3　1,000個×20％＝200個
＊4　10,500個＋500個＋200個－800個
　　＝10,400個

月末仕掛品：$\dfrac{2{,}745{,}600\text{円}}{10{,}400\text{個}} \times 200\text{個} = 52{,}800\text{円}$

完　成　品：194,700円＋2,745,600円－52,800円＝2,887,500円

(3) 完成品総合原価等

月末仕掛品原価：125,000円＋52,800円＝177,800円

完成品総合原価：1,386,000円＋2,887,500円＝4,273,500円

→第２工程の当月投入前工程費

2 第2工程の計算

平均法によって、完成品総合原価等を計算します。

なお、仕損費は両者負担で処理します。

(1) 前工程費の計算〈平均法〉

仕　掛　品　(平均法)

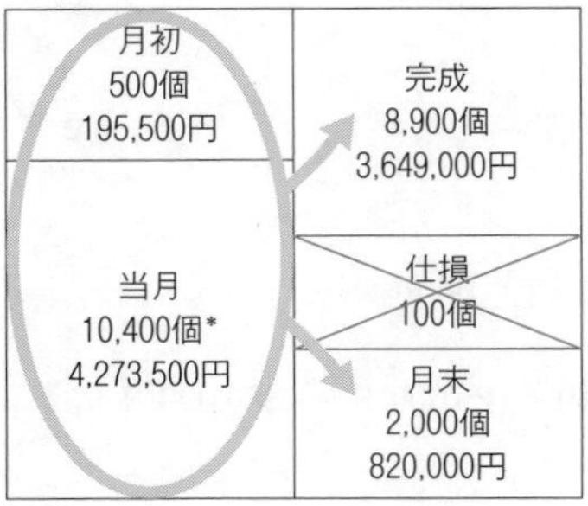

＊　8,900個＋2,000個－500個＝10,400個

平均単価：$\frac{195{,}500円 + 4{,}273{,}500円}{8{,}900個 + 2{,}000個}$＝@410円

月末仕掛品：@410円×2,000個＝820,000円

完　成　品：@410円×8,900個＝3,649,000円

(2) 加工費の計算〈平均法〉

仕　掛　品　(平均法)

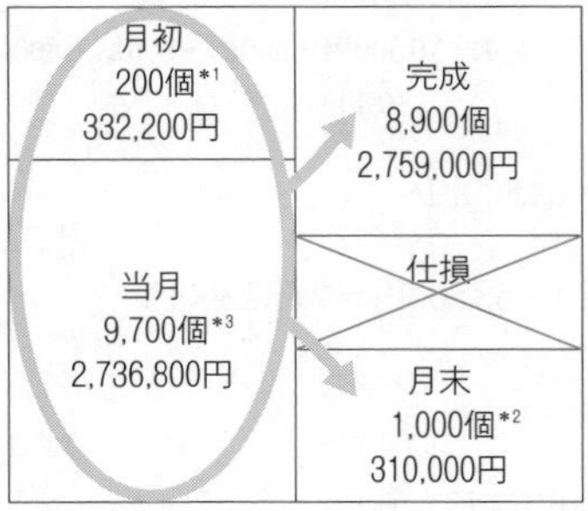

＊1　500個×40％＝200個

＊2　2,000個×50％＝1,000個

＊3　8,900個＋1,000個－200個
＝9,700個

平均単価：$\frac{332{,}200円 + 2{,}736{,}800円}{8{,}900個 + 1{,}000個}$＝@310円

月末仕掛品：@310円×1,000個＝310,000円

完　成　品：@310円×8,900個＝2,759,000円

(3) 完成品総合原価等

月末仕掛品原価：820,000円＋310,000円＝1,130,000円

完成品総合原価：3,649,000円＋2,759,000円＝6,408,000円

第5問（12点）

解答

問1 | 1,000 | 万円

問2 | 33 | %

問3 | 240 | 万円

問4 | 1,600 | 万円

問5 | 250 | 万円減少する

問6 | 3 |

各２点、合計12点

解説

ＣＶＰ分析に関する問題です。売上高をＳ（万円）として、簡単な直接原価計算の損益計算書を下書用紙に書いて、設問を解いていきます。なお、本問では、販売単価や販売個数が不明なので、販売個数をＸ（個）として解くことはできません。

問1　損益分岐点の売上高

損益計算書

売上高	S
変動費	0.7S*1
貢献利益	0.3S
固定費	300*2
営業利益	0

＊1　変動費：900万円＋150万円 ＝1,050万円

変動費率：$\frac{1{,}050万円}{1{,}500万円}=0.7$

＊2　固定費：210万円＋90万円＝300万円

売上高：0.3S－300＝０

0.3S＝300

S＝1,000（万円）

問2 安全余裕率

安全余裕率：$\dfrac{1{,}500\text{万円}-1{,}000\text{万円}}{1{,}500\text{万円}}\times 100 = 33.33\cdots\% \rightarrow 33\%$

問3 売上高が 1,800 万円のときの営業利益

「S」を「1,800（万円）」として、営業利益を計算します。

損益計算書	
売上高	S
変動費	0.7S
貢献利益	0.3S
固定費	300
営業利益	?

営業利益：$0.3\times 1{,}800 - 300 = 540 - 300$

$= 240$（万円）

問4 目標営業利益を達成する売上高

損益計算書	
売上高	S
変動費	0.7S
貢献利益	0.3S
固定費	300
営業利益	180

売上高：$0.3S - 300 = 180$

$0.3S = 180 + 300$

$S = 1{,}600$（万円）

問5　変動費が変動したときの損益分岐点の売上高の減少額

損益計算書	
売上高	S
変動費	0.6S*
貢献利益	0.4S
固定費	300
営業利益	0

＊　変動費：1,050万円－150万円＝900万円
もとの変動費

変動費率：$\frac{900万円}{1,500万円}$＝0.6

売上高：0.4S－300＝０

0.4S＝300

S＝750（万円）

損益分岐点の売上高の減少額：1,000万円－750万円＝250万円
問1より

問6　経営レバレッジ係数

経営レバレッジ係数：$\frac{450万円}{150万円}$＝３

MEMO

【著　者】
滝澤ななみ（たきざわ・ななみ）

簿記、ＦＰ、宅建士など多くの資格書を執筆している。主な著書は『スッキリわかる日商簿記』１～３級（15年連続全国チェーン売上第１位[※1]）、『みんなが欲しかった！　簿記の教科書・問題集』日商２・３級、『みんなが欲しかった！ＦＰの教科書』２・３級（10年連続売上第１位[※2]）、『みんなが欲しかった！ＦＰの問題集』２・３級など。

※１　紀伊國屋書店PubLine/三省堂書店/丸善ジュンク堂書店　2009年1月～2023年12月（各社調べ、50音順）
※２　紀伊國屋書店PubLine調べ　2014年１月～2023年12月

〈ホームページ〉『滝澤ななみのすすめ！』
著者が運営する簿記、ＦＰ、宅建士に関する情報サイト。
ネット試験対応の練習問題も掲載しています。
URL：https://takizawananami-susume.jp/

・装丁：Malpu Design ／装画：matsu（マツモト　ナオコ）

みんなが欲しかったシリーズ

みんなが欲《ほ》しかった！
簿記《ぼき》の問題集《もんだいしゅう》　日商《にっしょう》２級《きゅう》　工業簿記《こうぎょうぼき》　第《だい》12版《はん》

2012年３月８日　初　版　第１刷発行
2024年２月26日　第12版　第１刷発行
2024年９月16日　　　　　第２刷発行

著　　者	滝　澤　な　な　み
発 行 者	多　田　敏　男
発 行 所	TAC株式会社　出版事業部（TAC出版）
	〒101-8383 東京都千代田区神田三崎町3-2-18 電 話 03(5276)9492(営業) FAX 03(5276)9674 https://shuppan.tac-school.co.jp
組　　版	株式会社　グ　ラ　フ　ト
印　　刷	株式会社　ワ　コ　ー
製　　本	東京美術紙工協業組合

© Nanami Takizawa 2024　　Printed in Japan
ISBN 978-4-300-11011-9
N.D.C. 336

本書は，「著作権法」によって，著作権等の権利が保護されている著作物です。本書の全部または一部につき，無断で転載，複写されると，著作権等の権利侵害となります。上記のような使い方をされる場合，および本書を使用して講義・セミナー等を実施する場合には，小社宛許諾を求めてください。

乱丁・落丁による交換，および正誤のお問合せ対応は，該当書籍の改訂版刊行月末日までといたします。なお，交換につきましては，書籍の在庫状況等により，お受けできない場合もございます。
また，各種本試験の実施の延期，中止を理由とした本書の返品はお受けいたしません。返金もいたしかねますので，あらかじめご了承くださいますようお願い申し上げます。

簿記検定講座のご案内

選べる学習メディアでご自身に合うスタイルでご受講ください!

通学講座

3級コース　3・2級コース　2級コース　1級コース　1級上級コース

教室講座　通って学ぶ

定期的な日程で通学する学習スタイル。常に講師と接することができるという教室講座の最大のメリットがありますので、疑問点はその日のうちに解決できます。また、勉強仲間との情報交換も積極的に行えるのが特徴です。

ビデオブース講座　通って学ぶ　予約制

ご自身のスケジュールに合わせて、TACのビデオブースで学習するスタイル。日程を自由に設定できるため、忙しい社会人に人気の講座です。

直前期教室出席制度
直前期以降、教室受講に振り替えることができます。

無料体験入学　ご自身の目で、耳で体験し納得してご入学いただくために、無料体験入学をご用意しました。

無料講座説明会　もっとTACのことを知りたいという方は、無料講座説明会にご参加ください。

無　料
予約不要※

※ビデオブース講座の無料体験入学は要予約。
無料講座説明会は一部校舎では要予約。

通信講座

3級コース　3・2級コース　2級コース　1級コース　1級上級コース

Web通信講座　スマホやタブレットにも対応　見て学ぶ

教室講座の生講義をブロードバンドを利用し動画で配信します。ご自身のペースに合わせて、24時間いつでも何度でも繰り返し受講することができます。また、講義動画はダウンロードして2週間視聴可能です。有効期間内は何度でもダウンロード可能です。

※Web通信講座の配信期間は、お申込コースの目標月の翌月末までです。

TAC WEB SCHOOL ホームページ
URL https://portal.tac-school.co.jp/

※お申込み前に、左記のサイトにて必ず動作環境をご確認ください。

DVD通信講座　見て学ぶ

講義を収録したデジタル映像をご自宅にお届けします。講義の臨場感をクリアな画像でご自宅にて再現することができます。

※DVD-Rメディア対応のDVDプレーヤーでのみ受講が可能です。
パソコンやゲーム機での動作保証はいたしておりません。

資料通信講座（1級のみ）

テキスト・添削問題を中心として学習します。

Webでも無料配信中!　スマホ タブレット　パソコン

「TAC動画チャンネル」

- 講座説明会　※収録内容の変更のため、配信されない期間が生じる場合がございます。
- 1回目の講義（前半分）が視聴できます

詳しくは、TACホームページ
「TAC動画チャンネル」をクリック!

TAC動画チャンネル　簿記　検索

コースの詳細は、簿記検定講座パンフレット・TACホームページをご覧ください。

パンフレットのご請求・お問い合わせは、TACカスタマーセンターまで

通話無料　0120-509《ゴウカク》-117《イイナ》

受付時間　月～金 9:30～19:00
土・日・祝 9:30～18:00
※携帯電話からもご利用になれます。

TAC簿記検定講座ホームページ
TAC 簿記　検索

簿記検定講座

お手持ちの教材がそのまま使用可能!
【テキストなしコース】のご案内

TAC簿記検定講座のカリキュラムは市販の教材を使用しておりますので、こちらのテキストを使ってそのまま受講することができます。独学では分かりにくかった論点や本試験対策も、TAC講師の詳しい解説で理解度も120%UP! 本試験合格に必要なアウトプット力が身につきます。独学との差を体感してください。

左記の各メディアが【テキストなしコース】でお得に受講可能!

こんな人にオススメ!

- テキストにした書き込みをそのまま活かしたい!
- これ以上テキストを増やしたくない!
- とにかく受講料を安く抑えたい!

※お申込前に必ずお手持ちのバージョンをご確認ください。場合によっては最新のものに買い直していただくことがございます。詳細はお問い合わせください。

お手持ちの教材をフル活用!!

合格テキスト

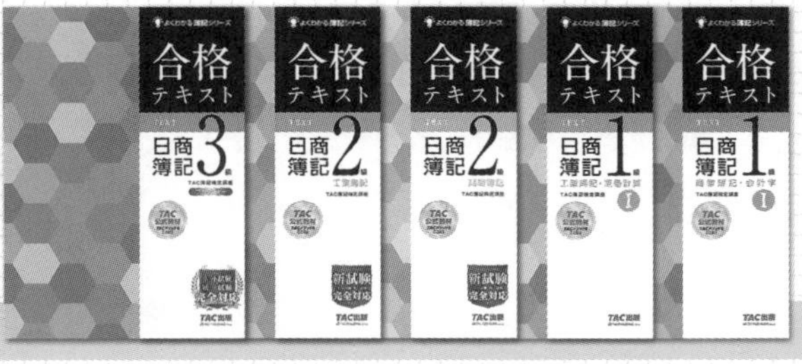

合格トレーニング

会計業界の就職サポートは

安心のTAC

TACキャリアエージェントなら

BIG4・国内大手法人
就職支援実績多数！

- 税理士学習中の方
- 日商簿記学習中の方
- 会計士／USCPA学習中の方
- 会計業界で就業中の方で転職をお考えの方
- 会計業界でのお仕事に興味のある方

「残業なしで勉強時間を確保したい…」
「簿記３級から始められる仕事はあるの？」
といったご相談も大歓迎です！

スキマ時間に　PC・スマホ・タブレットで

WEB面談実施中！

忙しくて時間の取れない方、遠方に
お住まいの方、ぜひご利用ください。

詳細はこちら！
https://tacnavi.com/accountant/web-mendan/

完全予約制

ご相談は無料です。会計業界を知り尽くしたプロのコンサルタントにご相談ください。
※相談時間は原則としてお一人様60分とさせていただきます。

【相談会場】

東京オフィス　03-3518-6775
大阪オフィス　06-6371-5851
名古屋オフィス（登録会場）　0120-757-655

shoukai@tac-school.co.jp
メールでご予約の際は、件名に「相談希望のオフィス」をご入力ください。
（例：相談希望 東京）

TAC キャリアエージェント
会計士・税理士専門の転職サポートサービス

会計業界への就職・転職支援サービス

TPB

TACの100%出資子会社であるTACプロフェッションバンク（TPB）は、会計・税務分野に特化した転職エージェントです。
勉強された知識とご希望に合ったお仕事を一緒に探しませんか？ 相談だけでも大歓迎です！ どうぞお気軽にご利用ください。

人材コンサルタントが無料でサポート

Step1 相談受付 完全予約制です。HPからご登録いただくか、各オフィスまでお電話ください。

Step2 面談 ご経験やご希望をお聞かせください。あなたの将来について一緒に考えましょう。

Step3 情報提供 ご希望に適うお仕事があれば、その場でご紹介します。強制はいたしませんのでご安心ください。

正社員で働く

- 安定した収入を得たい
- キャリアプランについて相談したい
- 面接日程や入社時期などの調整をしてほしい
- 今就職すべきか、勉強を優先すべきか迷っている
- 職場の雰囲気など、求人票でわからない情報がほしい

TACキャリアエージェント
https://tacnavi.com/

派遣で働く（関東のみ）

- 勉強を優先して働きたい
- 将来のために実務経験を積んでおきたい
- まずは色々な職場や職種を経験したい
- 家庭との両立を第一に考えたい
- 就業環境を確認してから正社員で働きたい

TACの経理・会計派遣
https://tacnavi.com/haken/

※ご経験やご希望内容によってはご支援が難しい場合がございます。予めご了承ください。 ※面談時間は原則お一人様30分とさせていただきます。

自分のペースでじっくりチョイス

アルバイト 正社員で働く

- 自分の好きなタイミングで就職活動をしたい
- どんな求人案件があるのか見たい
- 企業からのスカウトを待ちたい
- WEB上で応募管理をしたい

TACキャリアナビ
https://tacnavi.com/kyujin/

就職・転職・派遣就労の強制は一切いたしません。会計業界への就職・転職を希望される方への無料支援サービスです。どうぞお気軽にお問い合わせください。

TACプロフェッションバンク

■ 有料職業紹介事業 許可番号13-ユ-010678
■ 一般労働者派遣事業 許可番号（派）13-010932
■ 特定募集情報等提供事業 届出受理番号51-募-000541

東京オフィス
〒101-0051
東京都千代田区神田神保町 1-103 東京パークタワー 2F
TEL.03-3518-6775

大阪オフィス
〒530-0013
大阪府大阪市北区茶屋町 6-20 吉田茶屋町ビル 5F
TEL.06-6371-5851

名古屋 登録会場
〒453-0014
愛知県名古屋市中村区則武 1-1-7 NEWNO 名古屋駅西 8F
TEL.0120-757-655

たいせつにしますプライバシー 10860572

TAC出版の書籍をご利用の皆様

日商簿記 3級 2級 ネット試験の受験なら

TACテストセンターの受験がおススメ!

資格の学校TACの校舎は「CBTテストセンター」を併設しており、日商簿記検定試験のネット試験をはじめ、各種CBT試験を受験することができます。
TACの校舎は公共交通機関の駅などからも近く、アクセスが非常に容易です。またテストセンター設置にあたり、「3つのコダワリ」をもち、皆さんが受験に集中できるように心掛けております。

TACのコンピューターブースなら受験に集中できます!

TACテストセンターでの受験は、日商簿記ネット試験の受験申込手続時に、TACの校舎をご選択いただくだけです。ぜひお近くのTACテストセンターをご利用ください!

3つのコダワリ

1. 明るく清潔で安心感がある会場
2. 静かで周囲が気にならないコンピューターブース
3. メモなども取りやすい余裕のデスクスペース

現在は両隣の座席を空き席とすることで、試験中もソーシャルディスタンスを確保しています。
デスクの幅は約1メートル、なにより奥行きがあるので、試験中に電卓や計算用紙、メモなどを使うシチュエーションでも楽々です。
1m
座席は長時間座っても疲れが少ない、オフィス用チェアを使用しています。
前方と左右は、厚さ約5cm超のパーテーションで仕切られているので、周囲を気にすることなく、試験に集中できます。
5cm
パーテーションは床までのもので、ぐらついたりしないようしっかり固定されているので安心です。

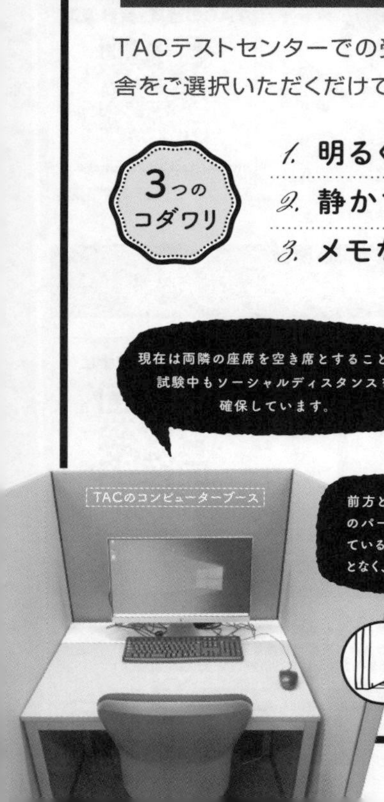
TACのコンピューターブース

TACテストセンター

利用者アンケート実施中！

毎月抽選で10名様に

選べるe-GIFT

¥5,000分

当たります!!

＊アンケートは毎月月末にて締め切り、抽選を行います。
当選された方には、アンケートの際にご入力いただいたメールアドレスあてに「選べるe-GIFT」の当選情報をお送りします。
＊「選べるe-GIFT」の詳細については、https://www.anatc-gift.com/use/のページでご確認ください。

全国のTACテストセンターのご案内

現在、TACのテストセンターは以下の校舎に設置され、
受験環境が整った「受験に集中できる会場」が増えています。

●札幌校　●水道橋校★　●早稲田校★　●新宿校★　●渋谷校★
●池袋校　●八重洲校　●立川校　●中大駅前校　●町田校
●横浜校　●大宮校　●津田沼校　●名古屋校　●京都校
●なんば校　●神戸校　●広島校　●福岡校★

＊日商簿記試験の受験申込手続等につきましては、日本商工会議所の「商工会議所の検定試験」ページをご参照ください。
＊定員に達するなどといった事情により、希望校舎での受験ができない場合がございます。あらかじめご了承ください。
★の印がついている校舎では現在日商簿記試験は実施しておりません。

TACで受験可能なCBT試験の一部をご紹介

- 日商簿記（3級・2級）
- 経理・財務スキル検定（FASS）
- 財務報告実務検定
- IPO実務検定
- 企業経営アドバイザー
- 経営学検定（マネジメント検定）＊一部
- PRプランナー資格認定検定試験
- マーケティング検定
- 第二種電気工事士
- 第三種電気三主任技術者試験
- 年金検定2級
- 相続検定2級　など

各資格・検定の受講相談はお気軽に

●お電話でのご相談

0120-443-411（通話無料）

受付時間　月～金・土・日・祝　10:00～17:00

●インターネットでのご相談

https://www.tac-school.co.jp/soudan03.html

メールで相談　TAC

2024年1月現在

TAC出版 書籍のご案内

TAC出版では、資格の学校TAC各講座の定評ある執筆陣による資格試験の参考書をはじめ、資格取得者の開業法や仕事術、実務書、ビジネス書、一般書などを発行しています！

TAC出版の書籍

＊一部書籍は、早稲田経営出版のブランドにて刊行しております。

資格・検定試験の受験対策書籍

- 日商簿記検定
- 建設業経理士
- 全経簿記上級
- 税　理　士
- 公認会計士
- 社会保険労務士
- 中小企業診断士
- 証券アナリスト
- ファイナンシャルプランナー(FP)
- 証券外務員
- 貸金業務取扱主任者
- 不動産鑑定士
- 宅地建物取引士
- 賃貸不動産経営管理士
- マンション管理士
- 管理業務主任者
- 司法書士
- 行政書士
- 司法試験
- 弁理士
- 公務員試験(大卒程度・高卒者)
- 情報処理試験
- 介護福祉士
- ケアマネジャー
- 電験三種　ほか

実務書・ビジネス書

- 会計実務、税法、税務、経理
- 総務、労務、人事
- ビジネススキル、マナー、就職、自己啓発
- 資格取得者の開業法、仕事術、営業術

一般書・エンタメ書

- ファッション
- エッセイ、レシピ
- スポーツ
- 旅行ガイド（おとな旅プレミアム/旅コン）

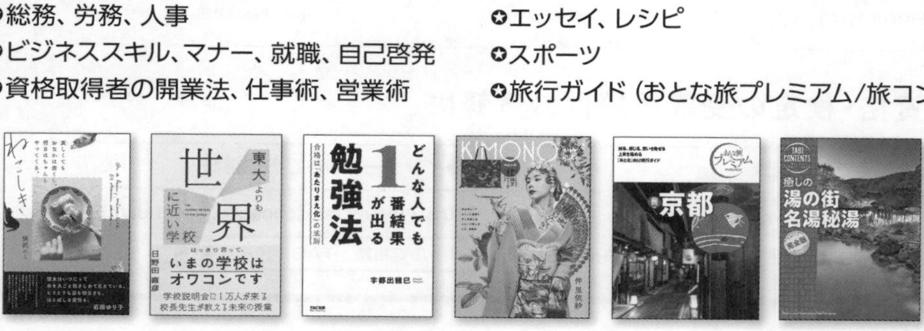

TAC出版

(2024年2月現在)

書籍のご購入は

1 全国の書店、大学生協、ネット書店で

2 TAC各校の書籍コーナーで

資格の学校TACの校舎は全国に展開!
校舎のご確認はホームページにて

資格の学校TAC ホームページ
https://www.tac-school.co.jp

3 TAC出版書籍販売サイトで

CYBER BOOK STORE TAC出版書籍販売サイト

24時間 ご注文 受付中

TAC 出版 で 検索

https://bookstore.tac-school.co.jp/

新刊情報をいち早くチェック!

たっぷり読める立ち読み機能

学習お役立ちの特設ページも充実!

TAC出版書籍販売サイト「サイバーブックストア」では、TAC出版および早稲田経営出版から刊行されている、すべての最新書籍をお取り扱いしています。
また、会員登録(無料)をしていただくことで、会員様限定キャンペーンのほか、送料無料サービス、メールマガジン配信サービス、マイページのご利用など、うれしい特典がたくさん受けられます。

サイバーブックストア会員は、特典がいっぱい!(一部抜粋)

通常、1万円(税込)未満のご注文につきましては、送料・手数料として500円(全国一律・税込)頂戴しておりますが、1冊から無料となります。

専用の「マイページ」は、「購入履歴・配送状況の確認」のほか、「ほしいものリスト」や「マイフォルダ」など、便利な機能が満載です。

メールマガジンでは、キャンペーンやおすすめ書籍、新刊情報のほか、「電子ブック版TACNEWS(ダイジェスト版)」をお届けします。

書籍の発売を、販売開始当日にメールにてお知らせします。これなら買い忘れの心配もありません。

日商簿記検定試験対策書籍のご案内

TAC出版の日商簿記検定試験対策書籍は、学習の各段階に対応していますので、あなたのステップに応じて、合格に向けてご活用ください!

3タイプのインプット教材

1

簿記を専門的な知識にしていきたい方向け

満点合格を目指し 次の級への土台を築く

「合格テキスト」

「合格トレーニング」

- 大判のB5判、3級～1級累計300万部超の、信頼の定番テキスト&トレーニング! TACの教室でも使用している公式テキストです。3級のみオールカラー。
- 出題論点はすべて網羅しているので、簿記をきちんと学んでいきたい方にぴったりです!

◆3級 □2級 商簿、2級 工簿 ■1級 商・会 各3点、1級 工・原 各3点

2

スタンダードにメリハリつけて学びたい方向け

教室講義のような わかりやすさでしっかり学べる

「簿記の教科書」

「簿記の問題集」

滝澤 ななみ 著

- A5判、4色オールカラーのテキスト(2級・3級のみ)&模擬試験つき問題集!
- 豊富な図解と実例つきのわかりやすい説明で、もうモヤモヤしない!!

◆3級 □2級 商簿、2級 工簿 ■1級 商・会 各3点、1級 工・原 各3点

3

気軽に始めて、早く全体像をつかみたい方向け

初学者でも楽しく続けられる!

「スッキリわかる」

テキスト/問題集一体型

滝澤 ななみ 著(1級は商・会のみ)

- 小型のA5判(4色オールカラー)によるテキスト/問題集一体型。これ一冊でOKの、圧倒的に人気の教材です。
- 豊富なイラストとわかりやすいレイアウト!かわいいキャラの「ゴエモン」と一緒に楽しく学べます。

◆3級 □2級 商簿、2級 工簿

■1級 商・会 4点、1級 工・原 4点

「スッキリうかる本試験予想問題集」

滝澤 ななみ 監修 TAC出版開発グループ 編著

- 本試験タイプの予想問題9回分を掲載

◆3級 □2級

コンセプト問題集

● 得点力をつける!

『みんなが欲しかった! やさしすぎる解き方の本』

B5判 滝澤 ななみ 著

● 授業で解き方を教わっているような新感覚問題集。再受験にも有効。

◆3級 □2級

本試験対策問題集

● 本試験タイプの問題集

『合格するための本試験問題集』

(1級は過去問題集)

B5判

● 12回分 (1級は14回分) の問題を収載。ていねいな「解答への道」、各問対策が充実

● 年2回刊行。

◆3級 □2級 ■1級

● 知識のヌケをなくす!

『まるっと完全予想問題集』

(1級は網羅型完全予想問題集)

A4判

● オリジナル予想問題(3級10回分、2級12回分、1級8回分)で本試験の重要出題パターンを網羅。

● 実力養成にも直前の本試験対策にも有効。

◆3級 □2級 ■1級

直前予想

『○年度試験をあてる TAC予想模試 +解き方テキスト ○~○月試験対応』

(1級は第○回試験をあてるTAC直前予想模試)

A4判

● TAC講師陣による4回分の予想問題で最終仕上げ。

● 2級・3級は、第1部解き方テキスト編、第2部予想模試編の2部構成。

● 年3回(1級は年2回)、各試験に向けて発行します。

◆3級 □2級 ■1級

あなたに合った合格メソッドをもう一冊!

仕訳 『究極の仕訳集』

B6変型判

● 悩む仕訳をスッキリ整理。ハンディサイズ、一問一答式で基本の仕訳を一気に覚える。

◆3級 □2級

仕訳 『究極の計算と仕訳集』

B6変型判 境 浩一朗 著

● 1級商会で覚えるべき計算と仕訳がすべてつまった1冊!

■1級 商・会

理論 『究極の会計学理論集』

B6変型判

● 会計学の理論問題を論点別に整理、手軽なサイズが便利です。

■1級 商・会、全経上級

電卓 『カンタン電卓操作術』

A5変型判 TAC電卓研究会 編

● 実践的な電卓の操作方法について、丁寧に説明します!

(パソコン):ネット試験の演習ができる模擬試験プログラムつき(2級・3級)

(スマホ):スマホで使える仕訳Webアプリつき(2級・3級)

・2024年2月現在 ・刊行内容、表紙等は変更することがあります ・とくに記述がある商品以外は、TAC簿記検定講座編です

書籍の正誤に関するご確認とお問合せについて

書籍の記載内容に誤りではないかと思われる箇所がございましたら、以下の手順にてご確認とお問合せをしてくださいますよう、お願い申し上げます。

なお、正誤のお問合せ以外の**書籍内容に関する解説および受験指導などは、一切行っておりません。**
そのようなお問合せにつきましては、お答えいたしかねますので、あらかじめご了承ください。

1 「Cyber Book Store」にて正誤表を確認する

TAC出版書籍販売サイト「Cyber Book Store」の
トップページ内「正誤表」コーナーにて、正誤表をご確認ください。

CYBER TAC出版書籍販売サイト BOOK STORE

URL:https://bookstore.tac-school.co.jp/

2 1の正誤表がない、あるいは正誤表に該当箇所の記載がない ⇒ 下記①、②のどちらかの方法で文書にて問合せをする

★ご注意ください★

お電話でのお問合せは、お受けいたしません。

①、②のどちらの方法でも、お問合せの際には、「お名前」とともに、
「対象の書籍名(○級・第○回対策も含む)およびその版数(第○版・○○年度版など)」
「お問合せ該当箇所の頁数と行数」
「誤りと思われる記載」
「正しいとお考えになる記載とその根拠」
を明記してください。
なお、回答までに1週間前後を要する場合もございます。あらかじめご了承ください。

① ウェブページ「Cyber Book Store」内の「お問合せフォーム」より問合せをする

【お問合せフォームアドレス】

https://bookstore.tac-school.co.jp/inquiry/

② メールにより問合せをする

【メール宛先 TAC出版】

syuppan-h@tac-school.co.jp

※土日祝日はお問合せ対応をおこなっておりません。
※正誤のお問合せ対応は、該当書籍の改訂版刊行月末日までといたします。

乱丁・落丁による交換は、該当書籍の改訂版刊行月末日までといたします。なお、書籍の在庫状況等により、お受けできない場合もございます。
また、各種本試験の実施の延期、中止を理由とした本書の返品はお受けいたしません。返金もいたしかねますので、あらかじめご了承くださいますようお願い申し上げます。

TACにおける個人情報の取り扱いについて
■お預かりした個人情報は、TAC(株)で管理させていただき、お問合せへの対応、当社の記録保管にのみ利用いたします。お客様の同意なしに業務委託先以外の第三者に開示、提供することはございません(法令等により開示を求められた場合を除く)。その他、個人情報保護管理者、お預かりした個人情報の開示等及びTAC(株)への個人情報の提供の任意性については、当社ホームページ(https://www.tac-school.co.jp)をご覧いただくか、個人情報に関するお問い合わせ窓口(E-mail:privacy@tac-school.co.jp)までお問合せください。

(2022年7月現在)

簿記の問題集　日商２級　工業簿記

問題編　答案用紙
（第４問対策、第５問対策）

『簿記の問題集　日商２級　工業簿記』の問題編の答案用紙です。

〈別冊ご利用時の注意〉

この色紙を残したまま冊子をていねいに抜き取り、留め具を外さない状態で、
ご利用ください。また、抜き取りのさいの損傷についてのお取替えはご遠慮願います。

留め具は外さないでください。

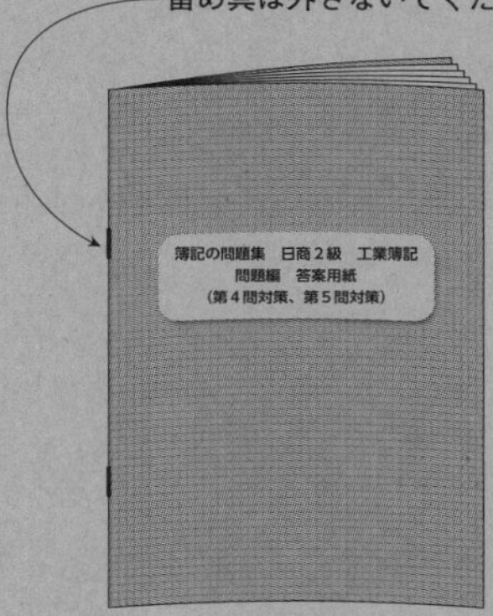

なお、答案用紙については、ダウンロードでもご利用いただけます。
TAC出版書籍販売サイト・サイバーブックストアにアクセスしてください。
https://bookstore.tac-school.co.jp/

簿記の問題集　日商２級　工業簿記
問題編　答案用紙
（第４問対策、第５問対策）

第4問対策

第4問対策―❶／20問

仕訳問題（費目別計算）－Ⅰ

	借方		貸方	
	記号	金額	記号	金額
1	(　　　)		(　　　)	
	(　　　)		(　　　)	
2	(　　　)		(　　　)	
	(　　　)		(　　　)	
3	(　　　)		(　　　)	
	(　　　)		(　　　)	
4	(　　　)		(　　　)	
	(　　　)		(　　　)	
5	(　　　)		(　　　)	
	(　　　)		(　　　)	

仕訳問題（費目別計算）－Ⅱ

	借方		貸方	
	記号	金額	記号	金額
1	(　　)		(　　)	
	(　　)		(　　)	
2	(　　)		(　　)	
	(　　)		(　　)	
3	(　　)		(　　)	
	(　　)		(　　)	
4	(　　)		(　　)	
	(　　)		(　　)	
5	(　　)		(　　)	
	(　　)		(　　)	

第4問対策－❸／20問

仕訳問題（費目別計算）－Ⅲ

		借方		貸方	
		記号	金額	記号	金額
1		(　　)		(　　)	
		(　　)		(　　)	
2		(　　)		(　　)	
		(　　)		(　　)	
3		(　　)		(　　)	
		(　　)		(　　)	
4		(　　)		(　　)	
		(　　)		(　　)	
5	(1)	(　　)		(　　)	
		(　　)		(　　)	
	(2)	(　　)		(　　)	
		(　　)		(　　)	

第4問対策－❹／20問

仕訳問題（費目別計算＋個別原価計算＋標準原価計算）

	借方		貸方	
	記号	金額	記号	金額
1	(　　)		(　　)	
	(　　)		(　　)	
2	(　　)		(　　)	
	(　　)		(　　)	
3	(　　)		(　　)	
	(　　)		(　　)	
4	(　　)		(　　)	
	(　　)		(　　)	
5	(　　)		(　　)	
	(　　)		(　　)	
6	(　　)		(　　)	
	(　　)		(　　)	
7	(　　)		(　　)	
	(　　)		(　　)	

第4問対策－❺／20問

仕訳問題（本社工場会計）

	借方		貸方	
	記号	金額	記号	金額
1	（　）		（　）	
	（　）		（　）	
2	（　）		（　）	
	（　）		（　）	
3	（　）		（　）	
	（　）		（　）	
4	（　）		（　）	
	（　）		（　）	
5	（　）		（　）	
	（　）		（　）	
6	（　）		（　）	
	（　）		（　）	
7	（　）		（　）	
	（　）		（　）	

第4問対策－❻／20問

工業簿記の勘定の流れ－Ⅰ

材　　　料

月初有高	110,000	当月消費高	(　　　)
当月仕入高	(　　　)	原価差異	(　　　)
		月末有高	130,000
	(　　　)		(　　　)

製造間接費

間接材料費	(　　　)	予定配賦額	(　　　)
間接労務費	241,500	原価差異	4,500
間接経費	325,000		
	(　　　)		(　　　)

仕　掛　品

月初有高	333,000	当月完成高	(　　　)
直接材料費	(　　　)	月末有高	455,000
直接労務費	610,000		
製造間接費	(　　　)		
	(　　　)		(　　　)

第4問対策－❼／20問

工業簿記の勘定の流れ－Ⅱ

製造間接費

間接材料費	(　　)	仕掛品	(　　)
間接労務費	(　　)	原価差異	(　　)
間接経費	(　　)		
	(　　)		(　　)

仕掛品

期首有高	234,000	当期完成高	(　　)
直接材料費	(　　)	期末有高	345,000
直接労務費	(　　)		
直接経費	(　　)		
製造間接費	(　　)		
	(　　)		(　　)

製品

期首有高	356,000	売上原価	(　　)
当期完成高	(　　)	期末有高	423,000
	(　　)		(　　)

損益

売上原価	(　　)	売上高	3,467,000
販売費	(　　)		
一般管理費	(　　)		
当期純利益	(　　)		
	(　　)		(　　)

第4問対策－❽／20問

単純個別原価計算－Ⅰ

仕　掛　品

5/1	月初有高	(　　　)	5/31	当月完成高	(　　　)
31	直接材料費	(　　　)	〃	月末有高	(　　　)
〃	直接労務費	(　　　)			
〃	製造間接費	(　　　)			
		(　　　)			(　　　)

製　　品

5/1	月初有高	(　　　)	5/31	売上原価	(　　　)
31	当月完成高	(　　　)	〃	月末有高	(　　　)
		(　　　)			(　　　)

第4問対策－❾／20問

単純個別原価計算－Ⅱ

仕　掛　品

8/1	月初有高	(　　　)	8/31	当月完成高	(　　　)
31	直接材料費	(　　　)	〃	月末有高	(　　　)
〃	直接労務費	(　　　)			
〃	製造間接費	(　　　)			
		(　　　)			(　　　)

製　　品

8/1	月初有高	(　　　)	8/31	売上原価	(　　　)
31	当月完成高	(　　　)	〃	月末有高	(　　　)
		(　　　)			(　　　)

第4問対策－⑩／20問

部門別個別原価計算

問1

部　門　別　配　賦　表　　　　　　（単位：円）

摘　　要	合　計	製造部門		補助部門	
		切削部門	組立部門	動力部門	管理部門
部　門　費	5,154,000	2,920,000	1,731,500	300,000	202,500
動力部門費					
管理部門費					
製造部門費					

問2

切削部門の部門別配賦率：＿＿＿＿＿＿＿＿円/時間

組立部門の部門別配賦率：＿＿＿＿＿＿＿＿円/時間

問3

製造指図書№101に配賦される製造間接費：＿＿＿＿＿＿＿＿円

MEMO

第4問対策ー⑪／20問

製造原価報告書、損益計算書の作成ーⅠ

製造原価報告書　　（単位：万円）

Ⅰ　直接材料費		
期首素材棚卸高	（　　　）	
当期素材仕入高	（　　　）	
合　計	（　　　）	
期末素材棚卸高	（　　　）	（　　　）
Ⅱ　直接労務費		
直接工賃金		（　　　）
Ⅲ　製造間接費		
間接材料費	（　　　）	
間接労務費	（　　　）	
光熱費	（　　　）	
工場建物減価償却費	（　　　）	
工場機械減価償却費	（　　　）	
工場固定資産税	（　　　）	
福利施設負担額	（　　　）	（　　　）
当期総製造費用		（　　　）
期首仕掛品棚卸高		（　　　）
合　計		（　　　）
期末仕掛品棚卸高		（　　　）
当期製品製造原価		（　　　）

損　益　計　算　書

（単位：万円）

Ⅰ　売　　上　　高		108,820
Ⅱ　売　上　原　価		
期首製品棚卸高	（　　　）	
当期製品製造原価	（　　　）	
合　　　計	（　　　）	
期末製品棚卸高	（　　　）	（　　　）
売上総利益		（　　　）
Ⅲ　販売費および一般管理費		（　　　）
営　業　利　益		（　　　）

第4問対策－⑫／20問

製造原価報告書、損益計算書の作成－Ⅱ

製造原価報告書		(単位：万円)
Ⅰ　直接材料費		(　　　)
Ⅱ　直接労務費		(　　　)
Ⅲ　直接経費		(　　　)
Ⅳ　製造間接費		(　　　)
合　計		(　　　)
製造間接費配賦差異	[＋・－]	(　　　)
当期総製造費用		(　　　)
期首仕掛品棚卸高		(　　　)
合　計		(　　　)
期末仕掛品棚卸高		(　　　)
当期製品製造原価		(　　　)

損益計算書			(単位：万円)
Ⅰ　売上高			54,390
Ⅱ　売上原価			
期首製品棚卸高		(　　　)	
当期製品製造原価		(　　　)	
合　計		(　　　)	
期末製品棚卸高		(　　　)	
差　引		(　　　)	
原価差異	[＋・－]	(　　　)	(　　　)
売上総利益			(　　　)
Ⅲ　販売費および一般管理費			(　　　)
営業利益			(　　　)

※　[　　] 内は「＋」または「－」のいずれかに○をつけること。

第4問対策－⑬／20問

単純総合原価計算－Ⅰ

問１

総合原価計算表　　(単位：円)

	原料費	加工費	合計
月初仕掛品原価	944,000	1,108,800	2,052,800
当月製造費用	10,384,000	16,811,200	27,195,200
合計	11,328,000	17,920,000	29,248,000
差引：月末仕掛品原価			
完成品総合原価			

問２　売上原価：［　　　　］円

第4問対策－⑭／20問

単純総合原価計算－Ⅱ

問１

総合原価計算表　　(単位：円)

	原料費	加工費	合計
月初仕掛品原価	388,880	321,680	710,560
当月製造費用	4,229,120	8,017,520	12,246,640
合計	4,618,000	8,339,200	12,957,200
差引：月末仕掛品原価			
完成品総合原価			
完成品単位原価			

問２　完成品総合原価：［　　　　］円

第4問対策－⑮／20問

工程別総合原価計算－Ⅰ

仕掛品－第1工程　　（単位：円）

月初仕掛品原価：		完成品総合原価：	
甲原料費	244,000	甲原料費	（　　）
加工費	120,000	加工費	（　　）
小計	364,000	小計	（　　）
当月製造費用：		月末仕掛品原価：	
甲原料費	11,776,000	甲原料費	（　　）
加工費	15,004,000	加工費	（　　）
小計	26,780,000	小計	（　　）
	27,144,000		27,144,000

仕掛品－第2工程　　（単位：円）

月初仕掛品原価：		完成品総合原価：	
前工程費	490,000	前工程費	（　　）
乙原料費	0	乙原料費	（　　）
加工費	351,600	加工費	（　　）
小計	841,600	小計	（　　）
当月製造費用：		月末仕掛品原価：	
前工程費	（　　）	前工程費	（　　）
乙原料費	9,150,000	乙原料費	（　　）
加工費	20,417,400	加工費	（　　）
小計	（　　）	小計	（　　）
	（　　）		（　　）

第4問対策－⑯／20問

工程別総合原価計算－Ⅱ

工程別総合原価計算表　(単位：円)

	第1工程		第2工程	
	材料費	加工費	前工程費	加工費
月初仕掛品	570,000	159,000	2,319,000	132,000
当月投入	9,510,000			
合計	10,080,000			
月末仕掛品				
完成品				

第4問対策－⑰／20問

組別総合原価計算

①	製造間接費予定配賦率	円/時間
②	組製品Xに対する製造間接費予定配賦額	円
③	組製品Yに対する製造間接費予定配賦額	円
④	組製品Xの月末仕掛品原価	円
⑤	組製品Xの完成品総合原価	円
⑥	組製品Yの月末仕掛品原価	円
⑦	組製品Yの完成品単位原価	円/個

第4問対策－⑱／20問

等級別総合原価計算

① 月　末　仕　掛　品　原　価	円
② 製 品 X の 完 成 品 総 合 原 価	円
③ 製 品 X の 完 成 品 単 位 原 価	円/個
④ 製 品 Y の 完 成 品 総 合 原 価	円
⑤ 製 品 Y の 完 成 品 単 位 原 価	円/個
⑥ 製 品 Z の 完 成 品 総 合 原 価	円
⑦ 製 品 Z の 完 成 品 単 位 原 価	円/個

第4問対策－⑲／20問

標準原価計算（勘定記入）

問１　パーシャル・プランによる勘定記入

仕　掛　品　(単位：円)

月 初 有 高	(　　　)	完　成　品	(　　　)
直 接 材 料 費	(　　　)	月 末 有 高	(　　　)
直 接 労 務 費	(　　　)	直接材料費差異	(　　　)
製 造 間 接 費	(　　　)	直接労務費差異	(　　　)
直接材料費差異	(　　　)	製造間接費差異	(　　　)
直接労務費差異	(　　　)		
製造間接費差異	(　　　)		
	(　　　)		(　　　)

製　　品　（単位：円）

月初有高	(　　　　)	売上原価	(　　　　)
当月完成	(　　　　)	月末有高	(　　　　)
	(　　　　)		(　　　　)

問２　シングル・プランによる勘定記入

仕　掛　品　（単位：円）

月初有高	(　　　　)	完成品	(　　　　)
直接材料費	(　　　　)	月末有高	(　　　　)
直接労務費	(　　　　)	直接材料費差異	(　　　　)
製造間接費	(　　　　)	直接労務費差異	(　　　　)
直接材料費差異	(　　　　)	製造間接費差異	(　　　　)
直接労務費差異	(　　　　)		
製造間接費差異	(　　　　)		
	(　　　　)		(　　　　)

製　　品　（単位：円）

月初有高	(　　　　)	売上原価	(　　　　)
当月完成	(　　　　)	月末有高	(　　　　)
	(　　　　)		(　　　　)

第4問対策－⑳/20問

標準原価計算（勘定記入、損益計算書）

仕　掛　品

月初有高	（　　　）	完成高	（　　　）
直接材料費	（　　　）	月末有高	（　　　）
加工費	（　　　）	標準原価差異	（　　　）
	（　　　）		（　　　）

月次損益計算書（一部）　　（単位：円）

Ⅰ　売上高		（　　　）
Ⅱ　売上原価		
月初製品棚卸高	（　　　）	
当月製品製造原価	（　　　）	
合計	（　　　）	
月末製品棚卸高	（　　　）	
差引	（　　　）	
標準原価差異	（　　　）	（　　　）
売上総利益		（　　　）
Ⅲ　販売費及び一般管理費		（　　　）
営業利益		（　　　）

第5問対策－❶／8問

標準原価計算（差異分析）－Ⅰ

問1	製　品　A	円/個
	製　品　B	円/個
問2	総　差　異	円　（借方・貸方）差異
	価格差異	円　（借方・貸方）差異
	数量差異	円　（借方・貸方）差異
問3	総　差　異	円　（借方・貸方）差異
	賃率差異	円　（借方・貸方）差異
	時間差異	円　（借方・貸方）差異
問4	総　差　異	円　（借方・貸方）差異
	予算差異	円　（借方・貸方）差異
	操業度差異	円　（借方・貸方）差異
	能率差異	円　（借方・貸方）差異

第5問対策−❷／8問

標準原価計算（差異分析）−Ⅱ

問1	製造間接費差異	円（ 借方・貸方 ）差異
問2	予　算　差　異	円（ 借方・貸方 ）差異
	操 業 度 差 異	円（ 借方・貸方 ）差異
	能　率　差　異	円（ 借方・貸方 ）差異
問3	予　算　差　異	円（ 借方・貸方 ）差異
	操 業 度 差 異	円（ 借方・貸方 ）差異
	能　率　差　異	円（ 借方・貸方 ）差異

第5問対策－❸／8問

直接原価計算（財務諸表の作成）

全部原価計算の損益計算書　（単位：円）

	第1期	第2期	第3期
売上高	（　）	（　）	（　）
売上原価	（　）	（　）	（　）
売上総利益	（　）	（　）	（　）
販売費・一般管理費	（　）	（　）	（　）
営業利益	（　）	（　）	（　）

直接原価計算の損益計算書　（単位：円）

	第1期	第2期	第3期
売上高	（　）	（　）	（　）
変動売上原価	（　）	（　）	（　）
変動製造マージン	（　）	（　）	（　）
変動販売費	（　）	（　）	（　）
貢献利益	（　）	（　）	（　）
固定費	（　）	（　）	（　）
営業利益	（　）	（　）	（　）

直接原価計算（ＣＶＰ分析）－Ⅰ

問１　(1)　［　　　　　　円］

(2)　販売量　［　　　　　　個］　売上高　［　　　　　　円］

(3)　［　　　　　　％］

問２　(1)　販売量　［　　　　　　個］　売上高　［　　　　　　円］

(2)　販売量　［　　　　　　個］　売上高　［　　　　　　円］

問３　［　　　　　　個］

第5問対策－❺／8問

直接原価計算（CVP分析）－Ⅱ

問1	円
問2	円
問3	円
問4	円
問5	

直接原価計算（CVP分析）－Ⅲ

問1　製品単位あたりの変動製造原価　　円/個

月間の固定製造原価　　円

問2　(1)　　%

(2)　　円

(3)　　円

(4)　　%

第5問対策－❼／8問

標準原価計算と予算実績差異分析

問1　予算売上高：＿＿＿＿＿＿＿＿円

問2　販売価格差異：＿＿＿＿＿＿＿＿円（　借方　・　貸方　）差異

　　　販売数量差異：＿＿＿＿＿＿＿＿円（　借方　・　貸方　）差異

問3　総　差　異：＿＿＿＿＿＿＿＿円（　借方　・　貸方　）差異

　　　予 算 差 異：＿＿＿＿＿＿＿＿円（　借方　・　貸方　）差異

　　　操業度差異：＿＿＿＿＿＿＿＿円（　借方　・　貸方　）差異

　　　能 率 差 異：＿＿＿＿＿＿＿＿円（　借方　・　貸方　）差異

※　問2と問3については、(　　)内の「借方」または「貸方」を○で囲むこと。

CVP分析等

問1　当月の直接材料費の総額：	円
問2　当月の製造間接費の総額：	円
問3　当月の変動費の総額：	円
問4　当月の貢献利益：	円
貢献利益率：	%
問5　当月の損益分岐点の売上高：	円
問6　当月の必要売上高：	円

簿記の問題集　日商２級　工業簿記

模擬試験
第４回～第６回*

この冊子には、模擬試験の問題および答案用紙が収載されています。

＊　第１回から第３回の問題は、『簿記の問題集　日商２級　商業簿記（別売り）』に収載しております。

〈別冊ご利用時の注意〉

この色紙を残したままていねいに抜き取り、ご利用ください。
また、抜き取りのさいの損傷についてのお取替えはご遠慮願います。

別冊の使い方

Step ❶ この色紙を残したまま、ていねいに抜き取ってください。色紙は、本体からとれませんので、ご注意ください。

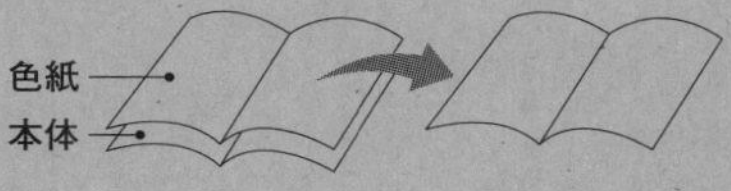

Step ❷ 抜き取った用紙を針金のついているページでしっかりと開き、工具を使用して、針金を外してください。針金で負傷しないよう、お気をつけください。

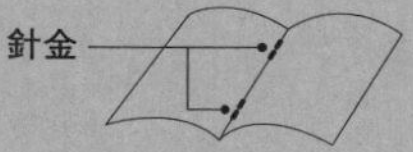

Step ❸ アイテムごとに分けて、お使いください。

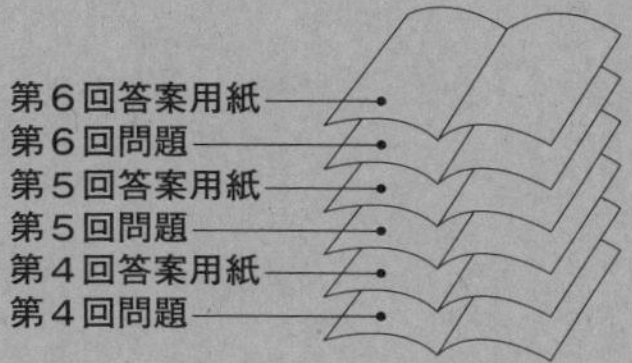

なお、答案用紙はダウンロードでもご利用いただけます。
TAC出版書籍販売サイト・サイバーブックストアにアクセスしてください。
https://bookstore.tac-school.co.jp/

第4回 模擬試験　問題

制限時間　90分
解答解説　148ページ

商　業　簿　記

第1問（20点）

下記の各取引について仕訳しなさい。ただし、勘定科目は、設問ごとに最も適当と思われるものを選び、答案用紙の（　　）の中に記号で解答すること。

1．×4年4月1日、機械装置（取得原価¥4,000,000）を除却した。この機械装置の処分価値は¥100,000と見積もられた。この機械装置は×1年4月1日に取得したもので、生産高比例法（総使用可能時間20,000時間、残存価額はゼロ、記帳方法は直接法）により減価償却を行っている。前期末までの使用時間は17,200時間であった。なお、当社の決算日は3月31日（年1回）である。

ア．機械装置	イ．減価償却費	ウ．機械装置減価償却累計額	エ．貯蔵品
オ．固定資産売却損	カ．固定資産除却損	キ．未収入金	ク．現金

2．当社は、新宿株式会社を吸収合併し、新たに当社の株式75株（時価@¥60,000）を同社の株主に交付した。同社から引き継いだ諸資産および諸負債の時価は、それぞれ¥5,900,000、¥1,500,000である。なお、株式の交付に伴って増加する株主資本のうち、資本金組入額は¥2,500,000とし、残額は資本準備金とする。

第2問（20点）

次の［資料］にもとづいて、×1年３月期（×0年４月１日から×1年３月31日まで）の連結精算表（連結貸借対照表と連結損益計算書の部分）を作成しなさい。

［資　料］

１．Ｐ社は×0年３月31日にＳ社の発行済株式総数の70％を106,000千円で取得し、支配を獲得した。×0年３月31日のＳ社の純資産の部は次のとおりである。

資　本　金　80,000千円
資本剰余金　16,000千円
利益剰余金　24,000千円

Ｓ社は支配獲得後に配当を行っておらず、のれんは20年間にわたり、定額法により償却を行う。

２．当期よりＳ社はＰ社に対し、売上総利益率40％で商品を販売しており、当期中のＳ社からＰ社に対する売上高は625,000千円であった。また、当年度末にＰ社が保有する商品のうち、Ｓ社から仕入れた商品は12,500千円であった。

３．Ｓ社の売掛金のうち、80,000千円はＰ社に対するものである。

４．Ｐ社は当年度中に土地（帳簿価額25,000千円）を30,000千円でＳ社に売却している。

５．Ｐ社の長期貸付金のうち60,000千円はＳ社に対するものである。この貸付金は×0年12月１日に期間３年、年利率２％、利払日は５月末日と11月末日という条件で貸し付けたものである。

第３問（20点）

次の［資料Ⅰ］、［資料Ⅱ］および［資料Ⅲ］にもとづいて、答案用紙の損益計算書を完成しなさい。なお、会計期間は×3年４月１日から×4年３月31日までの１年である。

［資料Ⅰ］決算整理前残高試算表

残高試算表

×4年３月31日　　（単位：円）

借方	勘定科目	貸方
860,800	現金預金	
500,000	売掛金	
920,000	売買目的有価証券	
321,000	繰越商品	
900,000	備品	
300,000	リース資産	
210,000	ソフトウェア	
787,200	満期保有目的債券	
	買掛金	408,600
	貸倒引当金	6,000
	リース債務	300,000
	備品減価償却累計額	384,000
	資本金	2,000,000

［資料Ⅱ］未処理事項

1．売上高の計上基準は得意先の検収基準である。３月末に得意先より¥100,000が検収済みである旨の連絡を受けていたが、未処理であった。

2．当期首に取得したリース資産（見積現金購入価額¥300,000、リース期間は３年、リース料は年額¥120,000、リース料の支払いは毎年３月31日）のリース料¥120,000を当座預金口座から支払ったが、未処理であった。なお、このリース取引はファイナンス・リース取引に該当し、利子抜き法（利息の期間配分は定額法）によって処理している。

［資料Ⅲ］決算整理事項

1．現金預金のうち¥385,000が現金の帳簿残

工　業　簿　記

第4問（28点）

(1) 下記の一連の取引について、仕訳しなさい。ただし、勘定科目は、設問ごとに最も適当と思われるものを選び、答案用紙の（　　）の中に記号で解答すること。

1．当月に素材800,000円、買入部品300,000円、工場消耗品50,000円を消費した。

ア．材料　　イ．仕掛品　　ウ．賃金・給料
エ．製造間接費　　オ．材料副費　　カ．製品

2．当社は、塗装加工のため、素材860,000円を無償で外部の塗装業者に引き渡し、塗装加工を依頼した。この取引は通常の出庫表で出庫している。

ア．製品　　イ．製造間接費　　ウ．材料
エ．賃金・給料　　オ．仕掛品　　カ．買掛金

3．当月の賃金の消費額を計上する。直接工の直接作業時間は800時間、間接作業時間は50時間であった。適用される直接工の予定賃率は1時間あたり1,200円である。また間接工については、当月賃金支払額は620,000円、前月賃金未払額は30,000円、当月賃金未払額は40,000円であった。

⑵　当工場は実際個別原価計算を採用している。次の［資料］にもとづいて、答案用紙に示した９月の仕掛品勘定と製品勘定を完成させなさい。

［資　料］

1．９月末時点の原価計算表

製造指図書番号	直接材料費	直接労務費	製造間接費	備　　考
901	2,800,000円	3,600,000円	7,200,000円	製造着手日：8／7 完　成　日：8／31 引　渡　日：9／2
902	1,900,000円	3,300,000円	6,600,000円	製造着手日：8／10 完　成　日：9／5 引　渡　日：9／8
903	3,800,000円	2,400,000円	4,800,000円	製造着手日：8／29 完　成　日：9／20 引　渡　日：9／23
904	2,200,000円	2,850,000円	5,700,000円	製造着手日：9／10 完　成　日：9／20

第5問（12点）

次の［資料］にもとづいて、全部原価計算と直接原価計算の損益計算書を作成しなさい。

［資　料］

1．製品1個あたり全部製造原価

直接材料費　800円/個　　変動加工費　300円/個

固定加工費　月額360,000円（全部原価計算では月間投入量をもとに配賦率を算定する）

2．販売費及び一般管理費

変動販売費　150円/個

固定販売費及び一般管理費　月額250,000円

3．月間生産・販売量

月初仕掛品　　0個　月 間 投 入　1,000個

月間完成品　800個　月末仕掛品　　200個（50%）

＊（　　）内は加工進捗度を示す。

月間販売量　800個（月初および月末の製品はない）

第4回　模擬試験　答案用紙

商　業　簿　記

第1問（20点）

	借方		貸方	
	記号	金額	記号	金額
1	（　　）		（　　）	
	（　　）		（　　）	
	（　　）		（　　）	
	（　　）		（　　）	
	（　　）		（　　）	
2	（　　）		（　　）	
	（　　）		（　　）	
	（　　）		（　　）	
	（　　）		（　　）	

第2問（20点）

連結第1年度

連　結　精　算　表

（単位：千円）

科　目	個別財務諸表		修正・消去		連結財務諸表
	P　社	S　社	借　方	貸　方	
貸借対照表					
現金預金	144,000	52,000			
売掛金	380,000	180,000			
商品	296,000	111,000			
長期貸付金	140,000				
未収収益	1,400				
土地	130,000	30,000			
S社株式	106,000				
(　　　　　　)					
資産合計	1,197,400	373,000			
買掛金	145,400	154,000			
長期借入金	100,000	80,000			
未払費用	2,000	1,000			
資本金	200,000	80,000			
資本剰余金	110,000	16,000			

第3問（20点）

損　益　計　算　書

自×3年4月1日　至×4年3月31日　　　　（単位：円）

Ⅰ　売　上　高		(　　　)
Ⅱ　売　上　原　価		
1．期首商品棚卸高	(　　　)	
2．当期商品仕入高	(　　　)	
合　　計	(　　　)	
3．期末商品棚卸高	(　　　)	
差　　引	(　　　)	
4．(　　　)	(　　　)	(　　　)
売上総利益		(　　　)
Ⅲ　販売費及び一般管理費		
1．給　　料	812,000	
2．貸倒引当金繰入	(　　　)	
3．賞与引当金繰入	(　　　)	
4．支払地代	756,000	
5．水道光熱費	137,000	
6．保険料	(　　　)	

工 業 簿 記

第4問（28点）

(1)

	借方		貸方	
	記号	金額	記号	金額
1	(　　)		(　　)	
	(　　)		(　　)	
2	(　　)		(　　)	
	(　　)		(　　)	
3	(　　)		(　　)	
	(　　)		(　　)	

(2)

仕　掛　品

9/1 月初有高 (　　　　)	9/30 当月完成高 (　　　　)
30 直接材料費 (　　　　)	〃 月末有高 (　　　　)

第５問（12点）

(1)　全部原価計算による損益計算書（単位：円）

売　　上　　高	2,000,000
売　上　原　価	(　　　　)
売 上 総 利 益	(　　　　)
販売費及び一般管理費	(　　　　)
営　業　利　益	(　　　　)

(2)　直接原価計算による損益計算書（単位：円）

売　　上　　高	2,000,000
変動売上原価	(　　　　)
(　　　　)	(　　　　)
変 動 販 売 費	(　　　　)
(　　　　)	(　　　　)
固　　定　　費	
固 定 加 工 費	(　　　　)
固定販売費及び一般管理費	(　　　　)

第5回 模擬試験　問題

制限時間　90分
解答解説　166ページ

商　業　簿　記

第1問（20点）

下記の各取引について仕訳しなさい。ただし、勘定科目は、設問ごとに最も適当と思われるものを選び、答案用紙の（　　）の中に記号で解答すること。

1．当社は建築設計を請け負っている。先日、給料￥600,000と出張旅費￥120,000を現金で支払い、記帳もすでに行っているが、そのうち給料￥250,000と出張旅費￥80,000が特定の案件のために直接費やされたものであることが判明したため、これを仕掛品勘定に振り替えた。

ア．現金　　イ．給料　　ウ．旅費交通費　　エ．未払金
オ．役務収益　　カ．役務原価　　キ．仕掛品　　ク．当座預金

2．当期の決算において、税引前当期純利益￥1,200,000を計上している。ただし、減価償却費の損金不算入額が￥200,000あった。当期の法人税、住民税及び事業税の法定実効税率を30％として、未払法人税等を計上する。なお、当社は期中において仮払法人税等￥260,000を計上している。

ア．仮払法人税等　　イ．繰延税金資産　　ウ．未払法人税等　　エ．繰延税金負債

第２問（20点）

次の有価証券に関する取引にもとづいて、下記の各問に答えなさい。なお、利息は便宜上、月割で計算し、総勘定元帳の各勘定は英米式決算法により締め切るものとする。当期は×1年４月１日から×2年３月31日までの１年である。

［資料］有価証券に関する取引

×1年５月１日　売買目的で額面総額￥500,000のＡ社社債（利率年1.2%、利払いは９月末と３月末の年２回、償還日は×4年３月31日）を額面@￥100につき@￥96で購入し、１か月分の端数利息とともに当座預金口座から支払った。

７月１日　満期保有目的で額面総額￥800,000のＢ社社債（利率年0.9%、利払いは12月末と６月末の年２回、償還日は×6年６月30日）を額面@￥100につき@￥95で購入し、当座預金口座から支払った。

９月30日　売買目的で保有するＡ社社債の利払日となり、６か月分の利息が当座預金口座に入金された。

11月１日　長期利殖目的で、Ｃ社株式800株を１株あたり@￥500で購入し、代金は当座預金口座から支払った。

12月１日　売買目的で保有するＡ社社債のうち、額面総額￥300,000分を額面@￥100につき@￥97で売却し、代金は２か月分の端数利息とともに受け取り、当座預金口座に入金された。

第3問（20点）

次の［資料］にもとづいて、答案用紙の貸借対照表を完成させなさい。なお、会計期間は×6年1月1日から×6年12月31日までである。

［資料Ⅰ：決算整理前残高試算表］

残　高　試　算　表

×6年12月31日　（単位：円）

借　方	勘　定　科　目	貸　方
141,700	現金預金	
100,000	受取手形	
200,000	売掛金	
387,500	売買目的有価証券	
112,000	繰越商品	
100,000	仮払法人税等	
1,200,000	建物	
350,000	備品	
220,000	車両	
80,000	その他有価証券	
120,000	子会社株式	
289,500	満期保有目的債券	
350,000	長期貸付金	

［資料Ⅱ：決算整理事項等］

1．広告宣伝費の支払いのために振り出した小切手のうち未渡分が¥25,000あった。
2．前期に販売した商品（品質保証付）について、顧客から修理の申し出があったため、修理をし、修理代金¥7,200を現金で支払っていたが、この取引が未記帳であった。
3．売掛金のうち¥40,400は、×6年11月1日にアメリカの得意先に商品を掛けで売り上げたさいに発生したものであり、取引発生と同時に売掛金について1ドル¥101で為替予約を付している。なお、×6年11月1日の直物為替相場は1ドル¥103で、決算日の直物為替相場は1ドル¥102である。
4．受取手形と売掛金の期末残高に対して、差額補充法により3％の貸倒引当金を設定する。
5．期末商品帳簿棚卸高は¥125,000、棚卸減耗損は¥5,000、商品評価損は¥7,200である。
6．売買目的有価証券の内訳は次のとおりである。

	帳簿価額	数　量	時　価
甲社株式	@¥2,000	100株	@¥2,220

工　業　簿　記

第4問（28点）

(1)　下記の各取引について仕訳しなさい。ただし、勘定科目は、設問ごとに最も適当なものを選び、答案用紙の（　　）の中に記号で解答すること。

1．素材Xについて、材料消費価格差異を計上する。素材Xの予定消費単価は800円/kg、実際消費量は350kgであった。なお、月初有高は41,750円（50kg）、当月材料仕入高は401,000円（500kg）であり、実際発生額を計算するさいの払出単価は総平均法によって計算している。

ア．材料　　イ．仕掛品　　ウ．製造間接費配賦差異
エ．売上原価　　オ．材料消費価格差異　　カ．製品

2．当社は製品Aを生産・販売しており、原価計算方法はシングル・プランによる標準原価計算を採用している。製品Aの当月の生産量は2,000個である（月初および月末仕掛品はない）。製品A1個あたりの標準直接作業時間は0.5時間で、標準賃率は1,600円/時間である。賃金勘定から仕掛品勘定に振り替える仕訳をしなさい。

ア．材料　　イ．賃金　　ウ．製造間接費
エ．仕掛品　　オ．原価差異　　カ．製品

3．当社は東京本社のほか、長崎に工場を有しており、本社と工場会計を独立させている。工場で製品¥3,000,000が完成し、工場はただちにこれを本社の得意先に¥4,200,000で発送し、その旨を本社に連絡した（製品倉庫は本社にある）。このときの工場の仕訳をしなさい。ただし、工場に設定さ

第5問（12点）

当工場は、製品Pを製造・販売しており、パーシャル・プランの標準原価計算制度を採用している。次の［資料］にもとづいて、以下の各問に答えなさい。なお、答案用紙の（　　）内には、「借方」または「貸方」のいずれかを○で囲むこと。

［資　料］

1．製品Pの標準原価カード

直接材料費	：1,800円/kg（標準単価）× 3 kg	（標準消費量）＝	5,400円
直接労務費	：1,600円/時（標準賃率）× 2 時間	（標準直接作業時間）＝	3,200円
製造間接費	：2,400円/時（標準配賦率）× 2 時間	（標準直接作業時間）＝	4,800円
			13,400円

＊　製造間接費は直接作業時間を基準として配賦される。

2．製品Pの当月生産データ

月初仕掛品	0 個	
当月投入	4,500 個	
計	4,500 個	
月末仕掛品	400 個	（50%）

第5回　模擬試験　答案用紙

商　業　簿　記

第1問（20点）

	借方		貸方	
	記号	金額	記号	金額
1	（　　）		（　　）	
	（　　）		（　　）	
	（　　）		（　　）	
	（　　）		（　　）	
	（　　）		（　　）	
2	（　　）		（　　）	
	（　　）		（　　）	
	（　　）		（　　）	
	（　　）		（　　）	

第2問（20点）

問1

売買目的有価証券

日		付	摘　要	借　方	日		付	摘　要	貸　方
×1	5	1	（　　）		×1	12	1	（　　）	
×2	3	31	（　　）		×2	3	31	（　　）	

満期保有目的債券

日		付	摘　要	借　方	日		付	摘　要	貸　方
×1	7	1	（　　）		×2	3	31	（　　）	
×2	3	31	（　　）						

有 価 証 券 利 息

日		付	摘　要	借　方	日		付	摘　要	貸　方
×1	5	1	（　　）		×1	9	30	（　　）	
×2	3	31	（　　）			12	1	（　　）	
						12	31	（　　）	

第3問（20点）

貸借対照表
×6年12月31日

（単位：円）

資産の部			負債の部	
Ⅰ 流動資産			Ⅰ 流動負債	
1 現金預金		（ ）	1 支払手形	170,000
2 受取手形	100,000		2 買掛金	173,900
3 売掛金	（ ）		3 未払法人税等	（ ）
計	（ ）		4 未払金	（ ）
貸倒引当金	（ ）	（ ）	5 商品保証引当金	（ ）
4 有価証券		（ ）	6 リース債務	（ ）
5 商品		（ ）	流動負債合計	（ ）
6 （ ）収益		（ ）	Ⅱ 固定負債	
流動資産合計		（ ）	1 リース債務	（ ）
Ⅱ 固定資産			2 繰延税金負債	（ ）
1 有形固定資産			固定負債合計	（ ）
(1) 建物	1,200,000		負債合計	（ ）
減価償却累計額	（ ）	（ ）		
(2) 備品	350,000		純資産の部	
減価償却累計額	（ ）	（ ）	Ⅰ 株主資本	

工 業 簿 記

第4問（28点）

(1)

	借方		貸方	
	記号	金額	記号	金額
1	(　　)		(　　)	
	(　　)		(　　)	
2	(　　)		(　　)	
	(　　)		(　　)	
3	(　　)		(　　)	
	(　　)		(　　)	

(2)

問1　月次予算部門別配賦表　（単位：円）

摘要	合計	製造部門	補助部門

第５問（12点）

問１	価格差異		円	（借方・貸方）差異
問２	標準直接作業時間		時間	
問３	作業時間差異		円	（借方・貸方）差異
問４	予算差異		円	（借方・貸方）差異
	操業度差異		円	（借方・貸方）差異
	能率差異		円	（借方・貸方）差異

第6回 模擬試験 問題

制限時間 90分
解答解説 184ページ

商 業 簿 記

第1問（20点）

下記の各取引について仕訳しなさい。ただし、勘定科目は、設問ごとに最も適当と思われるものを選び、答案用紙の（　　）の中に記号で解答すること。

1．×1年4月1日に取得した備品（取得原価は¥300,000、耐用年数は4年）を、×3年7月31日に¥60,000で売却し、代金は先方振出の約束手形を受け取った。当社の決算日は3月31日である。備品の減価償却は200％定率法（残存価額はゼロ）によっており、記帳方法は間接法である。なお、売却した年度の減価償却費は月割りで計算すること。

ア．受取手形　イ．営業外受取手形　ウ．備品　エ．固定資産売却益
オ．減価償却費　カ．固定資産売却損　キ．備品減価償却累計額　ク．現金

2．仕入先渋谷商事に対する買掛金¥250,000の決済のため、同額の電子記録債権を譲渡することにし、取引銀行を通じて譲渡記録をした。

ア．仕入　イ．買掛金　ウ．電子記録債務　エ．電子記録債権
オ．電子記録債権売却損　カ．支払手形　キ．当座預金　ク．普通預金

第2問（20点）

次の［資料］にもとづいて、連結第2年度（×2年4月1日から×3年3月31日）の連結損益計算書と連結貸借対照表を作成しなさい。

［資料Ⅰ］×3年3月31日におけるP社（親会社）とS社（子会社）の個別財務諸表

個別貸借対照表　（単位：千円）

資産	P社	S社	負債・純資産	P社	S社
現金預金	82,000	4,000	買掛金	33,500	40,800
売掛金	150,000	60,000	未払金	22,000	3,000
貸倒引当金	△ 2,500	△ 1,200	資本金	100,000	25,000
未収入金		5,000	資本準備金	25,000	6,000
商品	120,000	80,000	利益準備金	15,000	
土地	86,000	40,000	繰越利益剰余金	270,000	113,000
S社株式	30,000				
	465,500	187,800		465,500	187,800

個別損益計算書　（単位：千円）

費用	P社	S社	収益	P社	S社
売上原価	270,000	140,000	売上高	530,000	300,000
販売費・一般管理費	115,000	62,000	営業外収益	5,000	
土地売却損		4,000			

第3問（20点）

当社は、東京に本店があるほか、横浜に支店を有している。次の［資料］にもとづいて、当期（×3年4月1日から×4年3月31日まで）の本店の損益勘定を完成しなさい。

［資料Ⅰ］本店および支店の残高試算表（単位：円）

残高試算表

×4年3月31日

借方	本店	支店	貸方	本店	支店
現金預金	860,000	228,200	買掛金	372,400	146,000
売掛金	330,000	260,000	貸倒引当金	5,000	3,200
繰越商品	216,000	148,000	備品減価償却累計額	80,000	20,000
売買目的有価証券	287,000	–	本店	–	460,000
備品	200,000	100,000	資本金	1,200,000	–
満期保有目的債券	388,000	–	繰越利益剰余金	550,000	–
支店	520,000	–	売上	2,500,000	900,000
仕入	1,150,000	430,000	有価証券利息	9,600	–
給料	250,000	185,000	受取配当金	6,000	–
支払家賃	240,000	160,000	有価証券売却益	4,000	–
広告宣伝費	96,000	18,000			
ソフトウェア	40,000	–			
未決算	150,000	–			
	4,727,000	1,529,200		4,727,000	1,529,200

工　業　簿　記

第4問（28点）

(1)　下記の各取引について仕訳しなさい。ただし、勘定科目は、設問ごとに最も適当なものを選び、答案用紙の（　　）の中に記号で解答すること。

[取　引]

1．受注生産を行っている当社は個別原価計算を採用している。当月において製造指図書No.101とNo.102が完成した。各製造指図書に集計された原価は次のとおりである。よって、製品が完成したときの仕訳をしなさい。

	No.101	No.102
月初有高	1,100,000円	−
直接材料費	−	800,000円
直接労務費	720,000円	900,000円
製造間接費	576,000円	720,000円

ア．材料　　イ．賃金・給料　　ウ．製造間接費
エ．製品　　オ．仕掛品　　カ．売上原価

⑵　当工場では２つの工程を経て製品Ｑを製造しており、原価計算の方法は累加法による工程別総合原価計算を採用している。次の資料にもとづいて、答案用紙の総合原価計算表を完成させなさい。ただし、原価投入額を完成品総合原価と月末仕掛品原価に配分する方法として、第１工程は先入先出法、第２工程は平均法を用いている。

［資　料］

１．生産データ

	第１工程		第２工程	
月初仕掛品	2,000 個	（40％）	500 個	（40％）
当月投入	10,000		10,500	
合　計	12,000 個		11,000 個	
正常仕損	500		100	
月末仕掛品	1,000	（20％）	2,000	（50％）
完成品	10,500 個		8,900 個	

＊（　）内は加工進捗度を示す。

２．原料はすべて第１工程の始点で投入される。

第5問（12点）

当年度の直接原価計算による損益計算書は次のとおりであった。次年度の変動費率と年間固定費が当年度と同様であるとした場合、下記の各問に答えなさい。

直接原価計算による損益計算書

（単位：万円）

売　　上　　高	1,500
変 動 売 上 原 価	900
変動製造マージン	600
変 動 販 売 費	150
貢　献　利　益	450
製 造 固 定 費	210
固定販売費及び一般管理費	90
営　業　利　益	150

問1　損益分岐点の売上高を計算しなさい。

問2　安全余裕率を計算しなさい。なお、端数が生じる場合は％未満を四捨五入すること（例：12.345％→12％）。

問3　売上高が1,800万円のときの営業利益を計算しなさい。

第6回 模擬試験　答案用紙

商　業　簿　記

第1問（20点）

	借方		貸方	
	記号	金額	記号	金額
1	(　　)		(　　)	
	(　　)		(　　)	
	(　　)		(　　)	
	(　　)		(　　)	
	(　　)		(　　)	
2	(　　)		(　　)	
	(　　)		(　　)	
	(　　)		(　　)	
	(　　)		(　　)	

第2問（20点）

連結貸借対照表

（単位：千円）

資産	金額	負債・純資産	金額
現金預金	86,000	買掛金	
売掛金		未払金	
貸倒引当金	△ 3,700	資本金	
商品		資本剰余金	
土地		利益剰余金	
(　　　)		非支配株主持分	

連結損益計算書

（単位：千円）

借方科目	金額	貸方科目	金額
売上原価		売上高	
販売費・一般管理費	177,000	営業外収益	
のれん償却			
非支配株主に帰属する当期純利益			

第3問（20点）

損　　益

日付		摘要	金額	日付		摘要	金額
3	31	仕入		3	31	売上	
	〃	棚卸減耗損			〃	有価証券利息	
	〃	商品評価損			〃	受取配当金	
	〃	給料			〃	有価証券売却益	
	〃	支払家賃			〃	（　　　）	
	〃	広告宣伝費			〃	支店	
	〃	貸倒引当金繰入					
	〃	減価償却費					
	〃	有価証券（　　）					
	〃	ソフトウェア償却					
	〃	（　　　）					

工 業 簿 記

第4問 (28点)

(1)

	借方		貸方	
	記号	金額	記号	金額
1	(　　)		(　　)	
	(　　)		(　　)	
2	(　　)		(　　)	
	(　　)		(　　)	
3	(　　)		(　　)	
	(　　)		(　　)	

(2)

総合原価計算表　　(単位：円)

	第1工程	第2工程

第5問（12点）

問1 ＿＿＿＿ 万円

問2 ＿＿＿＿ %

問3 ＿＿＿＿ 万円

問4 ＿＿＿＿ 万円

問5 ＿＿＿＿ 万円減少する

問6 ＿＿＿＿

3．決算において、当期に取得したA社株式（売買目的で所有）の帳簿価額￥300,000を時価￥320,000に、B社株式（長期保有目的）の帳簿価額￥495,000を時価￥490,000に評価替えする。なお、その他有価証券の評価差額は全部純資産直入法によって処理することとし、税効果会計を適用する。法定実効税率は30％である。

ア．売買目的有価証券　イ．その他有価証券　ウ．繰延税金資産　エ．繰延税金負債
オ．その他有価証券評価差額金　カ．有価証券評価損　キ．法人税等調整額　ク．有価証券評価益

4．建物の増設工事（工事代金￥6,000,000は３回分割で普通預金口座から支払済み）が完成し、各固定資産勘定等に振替処理を行った。工事の明細は、建物￥5,000,000、修繕費￥1,000,000であり、前期末において修繕引当金￥400,000を設定している。

ア．普通預金　イ．建物　ウ．機械装置　エ．建設仮勘定
オ．修繕引当金　カ．修繕費　キ．減価償却費　ク．現金

5．当期中に３回に分けて取得したB社株式400株（売買目的で所有）のうち250株を１株￥1,345で売却し、代金は後日受け取ることとした。同株式は、第１回目に200株を１株￥1,300で、第２回目に100株を１株￥1,260で、第３回目に100株を１株￥1,552で、それぞれ買い付けている。なお、売買目的有価証券の帳簿価額は平均法で記帳している。また、分記法によって処理している。

ア．売買目的有価証券　イ．未収入金　ウ．未払金　エ．有価証券利息
オ．有価証券売却益　カ．有価証券売却損　キ．有価証券評価損　ク．現金

6,780,000	仕　　　　入	
812,000	給　　　　料	
756,000	支　払　地　代	
137,000	水　道　光　熱　費	
168,000	保　　険　　料	
2,000	支　払　利　息	
13,454,000		13,454,000

2．売上債権の期末残高に対し、3％の貸倒引当金を設定する（差額補充法）。

3．決算において、賞与引当金を設定する。当期の繰入額は¥60,000である。

4．売買目的有価証券を時価¥922,000に評価替えする。

5．期末商品棚卸高の内訳は次のとおりである。

帳簿棚卸数量　380個（原価@¥950）

実地棚卸数量　360個（時価@¥940）

商品評価損は売上原価の内訳科目として表示し、棚卸減耗損は販売費及び一般管理費に表示する。

6．固定資産の減価償却を次のとおり行う。

備　　　品：200％定率法、耐用年数は5年、残存価額はゼロ

なお、備品のうち¥300,000は当期首に取得したもので、税法上の耐用年数は8年である。よって税効果会計を適用する（実効税率30％）。

リース資産：定額法、耐用年数はリース期間、残存価額はゼロ

7．ソフトウェアは×1年4月1日に取得したもので、5年間にわたって償却している。

8．満期保有目的債券は、×2年4月1日に他社が発行した社債（額面総額¥800,000、年利率1.5％、償還日は×7年3月31日）を額面@¥100につき@¥98で取得したものであり、償却原価法（定額法）で評価している。なお、クーポン利息の処理は適正に行っている。

9．保険料は毎年同額を8月1日に1年分前払いしている。

10．法人税、住民税及び事業税¥229,500を計上する。

905	1,500,000円	1,200,000円	2,400,000円	完　成　日：10/15予定 引　渡　日：10/17予定

2．８月末時点の原価計算表

製造指図書番号	直接材料費	直接労務費	製造間接費
901	2,800,000円	3,600,000円	7,200,000円
902	1,900,000円	1,800,000円	3,600,000円
903	3,800,000円	400,000円	800,000円

3	(　　)		(　　)	
	(　　)		(　　)	
	(　　)		(　　)	
	(　　)		(　　)	
4	(　　)		(　　)	
	(　　)		(　　)	
	(　　)		(　　)	
	(　　)		(　　)	
	(　　)		(　　)	
5	(　　)		(　　)	
	(　　)		(　　)	
	(　　)		(　　)	
	(　　)		(　　)	
	(　　)		(　　)	

負債・純資産合計	1,197,400	373,000			
損益計算書					
売上高	1,240,000	860,000			
売上原価	812,000	510,000			
販売費及び一般管理費	372,000	331,400			
(　　　)償却					
受取利息	5,400				
支払利息	2,400	600			
土地売却益	5,000				
当期純利益	64,000	18,000			
非支配株主に帰属する当期純利益					
親会社株主に帰属する当期純利益	64,000	18,000			

9．ソフトウェア償却	(　　　　)	(　　　　)
営業利益		(　　　　)
Ⅳ 営業外収益		
1．有価証券利息	(　　　　)	
2．有価証券(　　)	(　　　　)	(　　　　)
Ⅴ 営業外費用		
1．支払利息	(　　　　)	
2．雑損	(　　　　)	(　　　　)
税引前当期純利益		(　　　　)
法人税、住民税及び事業税	(　　　　)	
法人税等調整額	(　　　　)	(　　　　)
当期純利益		(　　　　)

	(　　　)		(　　　)

製　品

9/1 月初有高	(　　　)	9/30 売上原価	(　　　)
30 当月完成高	(　　　)	〃 月末有高	(　　　)
	(　　　)		(　　　)

録の請求を行い、取引銀行から割引料￥2,500を差し引かれた手取額が当座預金口座に振り込まれた。

ア．当座預金　イ．電子記録債権　ウ．電子記録債務　エ．支払手数料
オ．手形売却損　カ．電子記録債権売却損　キ．現金　ク．売掛金

4．もっぱら研究開発に従事する従業員の給料￥400,000と研究開発のみに使用する消耗品の購入代￥20,000を小切手を振り出して支払った。

ア．現金　イ．当座預金　ウ．給料　エ．消耗品費
オ．研究開発費　カ．備品　キ．未払金　ク．未収入金

5．佐賀物流株式会社は、増資にあたり新株300株を１株あたり￥55,000で募集し、申込期日までに全株式の申し込みがあり、払込金の全額を申込証拠金として受け入れ、別段預金としていたが、本日、払込期日が到来したため、別段預金を当座預金に預け替えた。なお、会社法が規定する最低額を資本金とした。

ア．当座預金　イ．別段預金　ウ．資本金　エ．資本準備金
オ．別途積立金　カ．株式申込証拠金　キ．現金　ク．普通預金

入金された。

3月31日　決算につき、次の決算整理を行う。

(1) 売買目的で保有するA社社債の決算日の時価は@¥100につき@¥97.5である。

(2) 満期保有目的で保有するB社社債について、当期の未収分の利息を計上するとともに、償却原価法（定額法）によって評価する。

(3) C社株式の決算日の時価は1株あたり@¥540である。なお、評価差額には税効果会計を適用するものとし、法人税等の実効税率は30%とする。

問1　答案用紙の売買目的有価証券勘定、満期保有目的債券勘定、有価証券利息勘定への記入を示しなさい。なお、摘要欄には次の中から最も適当な用語を選び、記号で答えること。

ア．当座預金　イ．売買目的有価証券　ウ．満期保有目的債券　エ．有価証券利息
オ．有価証券評価益　カ．有価証券売却益　キ．有価証券評価損　ク．有価証券売却損
ケ．損益　コ．次期繰越

問2　C社株式にかかる決算整理仕訳（×2年3月31日(3)の仕訳）を答えなさい。ただし、勘定科目は次の中から最も適当なものを選び、記号で答えること。

ア．その他有価証券　イ．繰延税金資産　ウ．繰延税金負債　エ．その他有価証券評価差額金
オ．有価証券評価益　カ．有価証券評価損　キ．法人税等調整額

問3　有価証券売却損益を計算しなさい。

	商品保証引当金	10,000
	リース債務	176,000
	貸倒引当金	8,000
	建物減価償却累計額	396,000
	備品減価償却累計額	126,000
	資本金	988,000
	資本準備金	144,000
	利益準備金	152,000
	繰越利益剰余金	59,500
	売上	5,465,950
	受取手数料	32,000
	受取利息	8,750
	有価証券利息	4,800
3,052,400	仕入	
608,000	給料	
374,000	支払地代	
69,600	保険料	
172,200	広告宣伝費	
	為替差損益	4,000
7,926,900		7,926,900

却原価法（定額法）で評価する。

8．その他有価証券は、当期に￥80,000で取得した丙社株式である。丙社株式の当期末の時価は￥120,000である。当社は全部純資産直入法を採用しており、評価差額について税効果会計を適用する（法定実効税率は40％である）。

9．当社の保有する子会社株式の取得原価は￥120,000である。子会社株式の当期末の時価は、￥90,000であった。

10. 固定資産の減価償却は次のとおり行う。

建物：定額法；耐用年数　30年、
　　　　　　　残存価額　取得原価の10％
備品：定率法；償却率　年20％
車両：定額法。車両はリース資産であり、×6年1月1日に契約したものである。リース期間は5年で中途解約不能。リース料は年額￥44,000であり、期末に5回均等額支払い。ファイナンス・リース取引に該当し、利子込み法で処理している。

11. 長期貸付金は×5年11月1日に貸付期間5年、年利率3％、利払日は10月31日の条件で貸し付けたものである。決算にあたって利息の未収分を計上する。

12. 商品保証引当金の繰入額は￥20,800である。

13. 上記8.以外に税効果会計上の一時差異は生じていない。なお、法人税等の課税見込額は￥433,100である。

エ．仕掛品　　オ．製品　　カ．本社

(2)　当工場は実際個別原価計算を採用し、製造間接費の計算は部門別計算を行っている。補助部門費は製造部門に予定配賦し、製造部門費は機械作業時間にもとづいて製品に予定配賦している。次の［資料］にもとづいて、下記の各問に答えなさい。

［資　料］

1．補助部門費の配賦に関する月次予算データ

配賦基準	合　計	製造部門		補助部門		
		第1製造部門	第2製造部門	修繕部門	材料倉庫部門	工場事務部門
従業員数	290人	120人	80人	20人	40人	30人
修繕回数	120回	50回	20回	20回	10回	20回
材料出庫額	1,520,000円	800,000円	600,000円	120,000円	—	—

2．月次機械作業時間データ

	第1製造部門	第2製造部門
予定機械作業時間	5,000時間	7,000時間
実際機械作業時間	4,900時間	6,800時間

問1　直接配賦法によって答案用紙の月次予算部門別配賦表を完成させなさい。

問2　問1の月次予算部門別配賦表にもとづいて第1製造部門の予定配賦額を計算しなさい。

問3　問1の月次予算部門別配賦表にもとづいて第2製造部門の配賦差異を計算しなさい。なお、当月の第1製造部門費の実際配賦率は2,046円/時間、第2製造部門費の実際配賦率は1,080円/時間であった。

直接材料費：1,750円/kg（実際単価）×13,800kg（実際消費量）＝24,150,000円

直接労務費：1,620円/時（実際賃率）×8,800時間（実際直接作業時間）＝14,256,000円

製造間接費：21,850,000円

問１　直接材料費差異について、価格差異を求めなさい。

問２　当月の標準直接作業時間を求めなさい。

問３　直接労務費差異について、作業時間差異を求めなさい。

問４　公式法変動予算を前提（製造間接費の固定費率は1,400円/時、月間基準操業度は9,000時間である）とし、製造間接費差異を予算差異、操業度差異、能率差異に分析しなさい。なお、能率差異は変動費と固定費からなるものとする。

3	(　　)		(　　)	
	(　　)		(　　)	
	(　　)		(　　)	
	(　　)		(　　)	
4	(　　)		(　　)	
	(　　)		(　　)	
	(　　)		(　　)	
	(　　)		(　　)	
	(　　)		(　　)	
5	(　　)		(　　)	
	(　　)		(　　)	
	(　　)		(　　)	
	(　　)		(　　)	
	(　　)		(　　)	

				3	31	(　　)	

問２

借方		貸方	
記号	金額	記号	金額
(　　)		(　　)	
(　　)		(　　)	
(　　)		(　　)	
(　　)		(　　)	
(　　)		(　　)	

問３　有価証券売却（ 損 ・ 益 ）：¥

※「損」または「益」を○で囲むこと。

(1) 長期貸付金	(　　　)	3 利益剰余金		
(2) 投資有価証券	(　　　)	(1) 利益準備金	(　　　)	
(3) 関係会社株式	(　　　)	(2)(　　　)	(　　　)	(　　　)
固定資産合計	(　　　)	株主資本合計		(　　　)
		II 評価・換算差額等		
		1 その他有価証券評価差額金		(　　　)
		純資産合計		(　　　)
資産合計	(　　　)	負債及び純資産合計		(　　　)

修繕部門費			
材料倉庫部門費			
工場事務部門費			
製造部門費			

問２　第１製造部門の予定配賦額　［　　　　］円

問３　第２製造部門の配賦差異　［　　　　］円　（ 借方 ・ 貸方 ）差異

※　借方差異ならば「借方」に、貸方差異ならば「貸方」に○をつけること。

ア．普通預金	イ．未払配当金	ウ．資本金	エ．資本準備金
オ．利益準備金	カ．繰越利益剰余金	キ．損益	ク．当座預金

4．商品（原価￥50,000、売価￥65,000）を売り上げ、代金を掛けとした。なお、当社は商品売買の記帳方法として販売のつど商品勘定から売上原価勘定に振り替える方法を採用している。

ア．現金	イ．売掛金	ウ．商品	エ．繰越商品
オ．売上	カ．仕入	キ．売上原価	ク．当座預金

5．京都株式会社は下記の条件によって奈良リース株式会社と備品のリース契約を結んだ。なお、このリース取引はファイナンス・リース取引であり、会計処理は利子抜き法を採用している。

契　約　日：×0年４月１日（当期首）
リース期間：５年間
リース料年額：￥60,000（毎年３月末日払い）
リース資産の見積現金購入価額：￥250,000

本日（×1年３月31日）、京都株式会社は１回目のリース料を契約どおりに小切手を振り出して支払った。また、本日決算日のため、リース資産につき耐用年数５年、残存価額をゼロとして定額法で減価償却を行う。記帳方法は間接法である。なお、リース料に含まれている利息は毎期均等額を費用として処理する。

ア．当座預金	イ．リース資産	ウ．リース債務	エ．支払リース料
オ．減価償却費	カ．支払利息	キ．リース資産減価償却累計額	ク．現金

［資料Ⅱ］連結に関して必要な事項

1．Ｐ社は×1年３月31日にＳ社の発行済株式総数の70％を30,000千円で取得し、Ｓ社を連結子会社とした。支配獲得時のＳ社の純資産の部は、資本金25,000千円、資本剰余金（すべて資本準備金）6,000千円、利益剰余金（すべて繰越利益剰余金）9,000千円である。

2．のれんは発生年度から10年間にわたって定額法により償却している。

3．Ｓ社の前期における当期純利益は15,000千円であった。また、Ｓ社は前期には配当を実施していないが、当期は繰越利益剰余金を財源として5,000千円の配当を行っている。

4．前期からＰ社はＳ社に対し、原価に20％の利益を付加して商品を販売している。当期におけるＰ社のＳ社に対する売上高は96,000千円である。また、Ｓ社の期首商品のうち12,000千円、期末商品のうち24,000千円はＰ社から仕入れたものである。

5．当期において、Ｓ社は保有している土地20,000千円を16,000千円でＰ社に売却している。Ｐ社はこの土地を期末現在、保有している。

6．連結会社間（Ｐ社・Ｓ社間）における当期末の債権債務残高は次のとおりである。ただし、Ｐ社、Ｓ社ともに連結会社間の債権に対しては貸倒引当金を設定していない。

Ｐ社のＳ社に対する債権債務	
売掛金	25,000千円
未払金	5,000千円

Ｓ社のＰ社に対する債権債務	
買掛金	25,000千円
未収入金	5,000千円

2．本店から支店へ現金¥20,000を送金したが、支店では未処理であった。
3．本店から支店へ商品¥40,000（仕入価額）を移送したが、支店では未処理であった。
4．当期に建物が焼失したさい、その帳簿価額を未決算として処理していたが、決算日において保険会社から保険金¥200,000を支払う旨（支払日は後日）の連絡があったため、その処理をする。

［資料Ⅲ］決算整理事項

1．商品の期末棚卸高は次のとおりである（支店の商品は上記［資料Ⅱ］3．処理後）。売上原価は仕入勘定で計算するが、棚卸減耗損と商品評価損は、損益計算書上は売上原価に含めて表示するものの、総勘定元帳では棚卸減耗損と商品評価損を仕入勘定に振り替えずに独立の科目として処理する。

	原　　価	正味売却価額	帳簿棚卸数量	実地棚卸数量
本店	@¥720	@¥700	350個	320個
支店	@¥330	@¥350	400個	380個

2．本店・支店ともに売上債権の期末残高に対して２％の貸倒引当金を差額補充法で設定する。
3．本店・支店ともに備品について定額法（残存価額はゼロ、耐用年数は５年）で減価償却を行う。
4．売買目的有価証券について時価¥260,000に評価替えをする。
5．満期保有目的債券は×1年４月１日に、期間５年の額面¥400,000のＡ社社債（年利率は2.4％、利払日は９月末日と３月末日の年２回）を発行と同時に取得したものである。額面金額と取得価額との差額は金利調整差額と認められるので、償却原価法（定額法）を適用する。
6．ソフトウェアは×2年４月１日に取得したもので、５年間で毎期均等額を償却する。
7．本店の広告宣伝費のうち、¥30,000を支店に負担させる。
8．家賃の前払分が本店に¥40,000、支店に¥20,000ある。
9．支店で算出された損益が本店に報告された。

のみ行っている。

ア．賃金　　　　　イ．製造間接費　　　　ウ．製造間接費配賦差異

エ．賃率差異　　　オ．仕掛品　　　　　　カ．製品

3．当社は製造間接費を予定配賦している。当月の予定配賦額は1,050,000円、実際発生額は1,185,000円であった。予定配賦額と実際発生額の差額を予算差異と操業度差異に振り替える。なお、当月の製造間接費予算額は1,150,000円である。

ア．製造間接費　　イ．予算差異　　　　　ウ．操業度差異

エ．仕掛品　　　　オ．売上原価　　　　　カ．製品

問6　現在の経営レバレッジ係数を計算しなさい。

3	(　　)		(　　)	
	(　　)		(　　)	
	(　　)		(　　)	
	(　　)		(　　)	
4	(　　)		(　　)	
	(　　)		(　　)	
	(　　)		(　　)	
	(　　)		(　　)	
	(　　)		(　　)	
5	(　　)		(　　)	
	(　　)		(　　)	
	(　　)		(　　)	
	(　　)		(　　)	
	(　　)		(　　)	

当月投入	1,250,000	2,745,600		2,736,800
合計	1,511,000	2,940,300		3,069,000
月末仕掛品				
完成品				